지도를 펼치고
차별대신 평등

지도를 펼치고
차별 대신 평등

글 유정애 | 기획 김진 | 그림 노영주

푸른역사

머리말

조금 특별한
세계 여행

친구들, 안녕? 나는 유정아라고 해. 최근에는 대학에서 세계사를 가르쳤고, 오랫동안 국제 NGO에 소속되어 활동했단다. 친구들도 알고 있을 거야. 세계 곳곳에서 고통받는 사람들을 돕기 위해 활동하는 민간 단체가 NGO인 것을.

나는 NGO 활동가로 중동의 난민촌을 가기도 하고, 라오스의 깊은 산골에 있는 소수민족 마을을 찾기도 했어. 민주화 투쟁을 하는 사람들을 돕기 위해 필리핀 밀림을 헤매기도 했지. 팔레스타인이나 에리트레아 아프리카 뿔에 있는 나라 같은 민족 간 분쟁 지역에 들어가기도 했단다. 그렇게 세계 28개 나라를 누비고 다녔는데, 종종 위험에 처했고 심지어 죽을 뻔하기도 했어.

그런 위험한 일을 왜 했냐고? 빵 한 조각이 없어서 매일 배고픔에 시달리는 사람들, 소독제가 없어서 작은 상처에도 큰 고통을 견뎌야 하는 아이들, 엄청난 폭력 앞에 버텨 보려 애쓰다 끝내 쓰러지는 사람들이 간절히 도움을 기다리고 있었기 때문이야.

NGO 활동가가 된 것은 특별한 사건 때문이었어. 열여섯 살에 미국 유학을 간 나는 당시 대학에 다니고 있었단다. 아르바이트를 하면서 공부하느라 바쁜 나날이었지.

학기말 시험을 마친 터라 모처럼 한가했던 어느 날, 느긋하게 저녁을 차려 먹으며 텔레비전을 켰어. 늘 보는 '세계의 뉴스'가 나오는 시간이었거든. 그런데, 뉴스에서 '낯선' 한국말이 나오는 거야.

"어, 이상하다. 왜 한국어가 들리지? 여긴 미국인데?"

고개를 갸웃거리며 뉴스를 보다가 큰 충격을 받았어. 텔레비전에 비친 우리나라가 전쟁터와 다름없는 거야. 총격이 벌어지고, 사람들이 쓰러져 있고, 군인들이 사람들을 끌고 가고……. 두 눈을 의심했어. 북한하고 전쟁이 났나? 당시는 북한하고 금방이라도 전쟁이 날 정도로 대립하고 있었으니 자연스레 그런 생각이 들었지. 하지만, 아니었어. 군인들이 일으킨 쿠데타에 항거해 전라남도 광주 시민들이 시위를 했고, 그들을 향해 군인들이 총을 쐈던 거야.

온몸이 부들부들 떨렸어.

"어떻게 이럴 수 있지? 어떻게?"

계속 이 말만 중얼거렸어. 군인은 외부의 적으로부터 국민을 지키는 사람들이잖아. 그런데 오히려 국민을 향해 총을 쏜다고? 국민을 보호해야 할 국가가 국민에게 폭력을 행사한다고?

어느새 저항하는 시민들 편에서 나도 함께 싸우는 심정이 되었어. 맞아. 그래야지. 어떻게 가만히 있을 수 있겠어. 일제강점기 때 독립을 위해 싸운 독립운동가들이 떠올랐어. 빼앗긴 나라를 되찾고자 떨치고 일어났던 그분들.

그날의 충격으로 세상을 보는 눈이 달라졌어. 그 뒤로 언제나 내 가슴속에는 다음과 같은 말이 새겨져 있었지.

"모든 인간은 인간답게 살 권리가 있다. 누구도 그것을 짓밟을 수는 없다."

그때 주위를 돌아보니 세상에는 너무나 많은 폭력과 차별이 있었어. 그것도 멀리 있는 것이 아니라 바로 내 옆에 있더라. 내 옆의 흑인 친구가, 아메리카 원주민흔히 인디언이라고 하는데 이 말 자체가 차별적인 언어이다 친구가 차별에 시달리고 있었어. 나 또한 미국에 사는 아시아 여성으로서 차별받기는 마찬가지였지.

당장 무엇인가를 해야겠다고 생각했어. 대학 친구들과 사회의 문제들에 대해 고민하고 해결 방법은 없는지 찾기 시작했단다.

대학 졸업 후 바로 NGO 활동가 되었어. 나와 같은 활동가들 뒤에는 인류의 평화와 평등, 그리고 사랑을 바라며 지원해 주는 수많은 사람들이 있었어. 너희 또래의 아이들도 있고 말이야. 그들 덕분에 나는 용기를 잃지 않고 전쟁터로, 밀림으로, 오지로 다닐 수 있었단다.

활동가로서 보낸 시간은 평생 잊을 수 없는 뜻깊은 여정이었고, 나의 역사가 되었어. 그 여정을 통해 나는 세계의 사람들을 더욱 이해하고 사랑하게 되었고, 세계에 조금이라도 보탬이 되는 방향으로 살게 되었다고 자부한단다.

나는 지금도 활동가로 세계 곳곳을 누비고 있어. 세상에는 여전히 고통 속에서 도움의 손길을 필요로 하는 사람들이 많거든. 그 고통은 곧 우리들의 문제이기도 해.

우크라이나와 러시아가 아직도 전쟁 중인 건 알고 있지? 또한 이스라엘과 이란이 전쟁을 시작한 것도? 멀리 떨어진 대륙에서 벌어진 일이라 우리와는 상관없을 것 같지만 그렇지 않아. 그들의 전쟁으로 인해 무역이 흔들리고, 물가가 오르는 등 우리나라 경제가 영향을 받고 있지.

아마존 밀림이 불타서 그곳 원주민들이 살기 힘들어졌어. 그건 원주민만의 일일까? 아니야. 아마존의 밀림이 사라지면서 지구 온난화와 기후 변화가 극심해졌어. 이로 인해 어느 곳은 가뭄으로, 어느 곳은 홍수로 큰 피해를 입고 있지. 기후 문제는 인류의 미래마저 위협하고 있단다.

이처럼 세상은 따로인 것 같지만 모두 하나로 연결되어 있어. 그들이 고통을 받고 있으면 우리도 고통을 받게 되고, 그들이 평화롭고 안전하면 우리도 평화롭고 안전해.

흔히 지금의 세계를 '지구촌'이라고 부르잖아. 세계가 한 마을처럼 가까워졌다는 뜻이야. 우리 세대가 '한국인'으로만 살았다면, 지구촌 시대를 사는 너희들은 '한국인'이면서 동시에 '세계 시민'으로 살아가게 된 거야. 활동 무대가 한국에서 국제 사회로 한층 넓어지고 자유로워졌지. 그만큼 '세계 시민'으로서 평화롭고 평등한 지구 공동체를 가꿀 책임과 의무도 있단다. 이런 공동체 의식이 바탕이 될 때 지금보다 '더 나은 세계'를 만들어 갈 수 있겠지?

이 책은 내가 활동가로 세계 곳곳을 다니면서 만난 사람들, 특히 이 책을 읽는 친구들과 같은 또래의 아이들을 떠올리면서 편지 형식으로 쓴 글이야.

이 아이들의 이야기에 귀를 기울여 보렴. 그러면 '세계 시민'으로 살아가면서 '더 나은 세계'를 가꾸는 길을 찾을 수 있을 거야.

그럼 이 책과 함께 그 방법을 찾아 떠나 볼까?

2025년 8월

유정애

차례

머리말   4

조금 특별한 세계 여행

1. 미국에서 온 편지: 12

눈물과 죽음의 길을 걸었던 사람들

2. 남아프리카공화국에서 온 편지: 50

우리의 용서와 화해는 잘한 일일까요?

3. 이란에서 온 편지: 76

얼굴을 가리지 않으면 죽는다고요?

4. 베트남에서 온 편지: 104

소수민족의 고유한 아름다움을 지키는 일

기획자의 말   124

어린이의 마음이 세상을 구한다는 말

1
미국에서 온 편지:

눈물과
죽음의 길을
걸었던 사람들

미국은
어떤 나라일까?

콜럼버스가 1492년 긴 항해 끝에 발견한 새로운 대륙 아메리카에 약 200년 후 영국이 식민지를 건설했습니다. 처음에는 13개 자치주가 영국의 지배를 받으며 살았지요. 그런데 영국이 많은 세금을 걷어 가자 식민지 사람들은 독립 전쟁을 벌였고, 승리했습니다. 그리고 1776년 7월 4일 독립 선언을 합니다. 아메리카합중국, 곧 미국이 탄생한 것이지요. 독립을 한 미국은 빠르게 성장합니다. 그러나 그 빠른 성장 뒤에는 대대로 이곳에 살던 원주민들을 몰아내거나 학살한 어두운 역사가 있습니다.

이후 미국은 이른바 노예 해방 전쟁으로 불리는 남북전쟁을 겪었

고귀한붉은나무가 쌤에게
인디언 보호구역이라고요?

쌤, 안녕하세요?

한국 아이들은 선생님을 '쌤'이라고 부른다지요? 쌤이라고 해서 처음에는 샘^{SAM}이라는 남자인 줄 알았어요. 그런데 선생님을 쌤이라고 부른다는 말을 이곳 한국어 선생님께 들었어요. 친근하게 부를 때 쌤, 쌤 한다고요.

저도 그래서 쌤이라고 부를게요.

저는 '고귀한붉은나무'라고 해요. 전 요즘 아메리카 원주민에 푹 빠져 있어요. 그래서 체로키 부족식으로 이름을 지어 봤어요. 공주라는 뜻이 있는 샐리라는 영어 이름보다 이 이름이 좋아요.

제 친구들에게도 아메리카 원주민식 이름을 지어 주는 게 취미예요. 제 친구 렉스에게는 '햇빛춤'이라는 이름을 지어 줬어요. 친구는 웃음 지을 때면 햇빛이 춤추는 것처럼 얼굴이 환하게 밝아지거든요.

동생 마이클에게는 '산위에부는시원한바람'이라고 지어 주었지요.

얼마 전 학교에서 체로키 부족의 박물관으로 역사 체험 학습을 갔어요. 원주민의 역사와 문화를 한눈에 볼 수 있도록 전시해 놓았어요. 유럽 사람들은 처음 아메리카 대륙을 발견했을 때 이곳이 인도인 줄 알았대요. 그래서 이곳에 살고 있던 원주민을 인디언이라고 불렀대요. 콜럼버스가 발견한 이 대륙은 나중에 아메리고 베스푸치라는 사람에 의해 인도가 아니라 새로운 대륙이라는 사실을 알게 되었대요. 그래서 그의 이름 '아메리고'에서 따와 '아메리카'라는 이름을 붙였다고 해요.

박물관에서 북미 대륙의 역사 전시관을 쭉 둘러보다가 저는 처음 이곳에 이주해 온 메이플라워호 사람들과 원주민 이야기에 무척 흥미를 느꼈어요.

1620년 12월, 북아메리카에 영국 사람들을 실은 배 한 척이 도착해요. 그 배가 바로 오월의 꽃이라는 뜻을 가진 '메이플라워호'였어요. 배는 이름과 달리 매우 낡았고 악취마저 풍겼대요. 어둡고 메스꺼운 냄새로 가득 찬 배 갑판 아래 공간에는 102명의 사람들이 타고 있었고요. 그들은 교회의 개혁을 주장하면서 엄격한 규율을 지키는 청교도인들이었어요. 유럽에서 박해를 받자 자신들이 자유롭게 살 수 있는 땅을 찾아온 것이었죠.

왐파노그 부족 마사소이트 추장은 흩날리는 눈발을 맞으며 바위 해안으로 배가 들어오는 것을 지켜보았어요. 그런데 배에서 내린 사람들은 원주민을 발견하고는 반갑게 인사하기는커녕 총을 쏬어요. 놀란 왐파노그 사람들은 숲속으로 도망치고 말았지요. 이것이 '영국' 인들과 아메리카 원주민과의 첫 만남이었어요.

그해 겨울, 눈이 유난히 많이 내렸대요. 통나무 집을 지을 줄 몰랐던 영국인들은 나뭇가지에 흙을 발라 기둥을 세우고 풀로 얼기설기 지붕을 얹었어요. 추운 겨울을 나기에는 너무나 허술한 집이었죠. 결국 그들은 이듬해 4월 배가 떠날 때까지 메이플라워호 안에서 생활해야만 했대요.

영국인들은 원주민 마을에 몰래 들어가 식량을 훔쳐 먹었어요. 원주민들은 그 사실을 알고도 눈감아 주었어요. 원주민들은 먹을 것을 훔치는 건 죄로 여기지 않았대요. 얼마나 배가 고프면 그럴까 하고 생각했던 거지요.

비좁고 불결한 배 안에서 생활해야 했던 영국인들은 폐렴과 결핵 등 질병에 걸려 절반이 목숨을 잃었어요. 그때 마사소이트 추장이 이끄는 왐파노그 부족 사람들이 그들을 도와주었대요. 이들이 돕지 않았다면 한 명도 살아남지 못했을 거라고 해요.

이후 영국뿐만 아니라 유럽인들이 아메리카 대륙으로 속속 이주해 왔어요. 한 손에는 성경, 다른 손에는 총을 들고 말이지요. 원주민들은 그들이 살 수 있도록 드넓은 땅을 내주었어요. 그런데 이들은 그 땅을 자기네 소유라고 주장하면서 원주민들이 접근하는 것을 막았고, 조금이라도 발을 디디면 오히려 침입자로 간주했대요. 원주민들이 땅을 내준 것은 함께 나눠 쓰자는 뜻이었는데, 유럽인들은 자신들이 그 땅을 샀다고 주장했대요. 겨우 옷 일곱 벌, 괭이 여덟 자루, 도끼 아홉 자루, 옷감, 칼 스무 자루를 주고서 말이에요. 원주민에게 받은 땅은 천만 평이나 되었대요.

이뿐만이 아니었어요. 그들은 원주민 마을에 불을 지르고, 원주민들을 학살했고, 노예로 팔았어요. 그런가 하면 원주민들이 수천 년 대대로 살아온 땅에서 그들을 쫓아내고 보호구역을 만들어 그곳에서만 살도록 했어요.

체로키 부족 박물관에서 이 내용을 보고 두 가지가 궁금했어요. 분명 원주민들은 유럽 이주민들을 도와주었어요. 그런 원주민들을 조상 대대로 살아온 땅에서 쫓아낸 건 부끄러운 역사잖아요. 그런데도 숨기지 않은 건 좋아요. 하지만 이상한 건, 그 부끄러운 역사의 주인공을 미국인이 아니라 '유럽인' 혹은 '영국인'이라고 적어 둔 거예요. 그 유럽인의 후손이 지금의 미국인이니 결국 우리 조상들이 그런 부끄러운 짓을 한 거잖아요. 그런데 마치 영국인, 유럽인 등 남이 저지른 일처럼 써 놓은 것은 솔직하지 않다는 생각이 들었어요.

다른 하나는, '인디언 보호구역'이라는 말이에요. 그건 옳지 않은 말 같아요. 그곳은 그들을 보호하기 위한 곳이 아니라 가둬 두기 위해 만든 곳이니까요.

저는 지금까지 원주민들의 역사에 대해 잘 몰랐어요. 아니 굳이 알려고 하지 않았어요. 그들은 미국에 살고 있지만, 지금의 미국인이 아니라 먼 역사 속에 등장하는 사람들로 여겨졌거든요.

총부리를 들이대며 자신들의 땅이라고 원주민을 내쫓는 백인에게 마사소이트 추장이 건넨 말이 떠올라요.

"당신들이 소유라고 부르는 것이 무엇인가? 땅은 누구도 소유할 수 없다. 땅은 우리의 어머니나 마찬가지이기 때문이다. 그 어머니는 자신의 자식들인 동물과 새, 물고기, 그리고 모든 인간을 먹여 살린다. 숲과 강물 등 땅 위에 있는 것들은 모두에게 속한 것이며, 누구나 그것을 사용할 수 있다. 어떻게 한 인간이 그것들을 오직 자신의 것이라고만 주장할 수 있는가?"

이 말에 저는 부끄러움을 느꼈어요.

고귀한붉은나무에게

'눈물의 길'

고귀한붉은나무라니! 너의 이름에서 향기가 나는 듯하구나! 붉은측백나무_{레드시더. 체로키 부족은 성스러운붉은나무라고 부르며 정화 의식이나 전통 약재로 쓴다}의 은은한 향기 혹은 사과의 상큼한 냄새!

원주민들의 이름에는 자연과 사람이 하나라는 생각이 담겨 있단다. 그들은 나무 한 그루를 벨 때 이렇게 말한다고 해.

"나무야, 내가 지금은 네가 필요해서 너를 베지만, 내가 죽으면 너를 위한 거름이 될 거야."

원주민들은 중요한 식량인 버팔로_소를 잡아 먹을 때도 이렇게 말한다고 해.

"내가 지금은 너를 먹지만 나중에 내가 죽으면 이 대지의 풀이 되어 너의 먹이가 되어 줄게."

이 말에 난 가슴이 뭉클했단다. 이는 자연과 인간은 순환한다는 것을, 서로 연결되어 있다는 것을, 그렇기 때문에 모든 생명이 존중받아야 한다는 것을 보여 주는 말이거든.

고귀한붉은나무야!
난 대학을 졸업한 뒤 미국 국토를 가로지르는 여행을 떠난 적이 있어. 체로키 부족 박물관에도 갔단다. 그때 나도 너와 같은 의문을 가졌어. 지금의 미국이 되기까지는 그런 어두운 역사가 있다는 것을 새삼 되새기며 우리는 그 어두운 역사를 거울처럼 바라보고 반성을 해야 한다고 생각했단다.
너도 보았겠지? '눈물의 길 The Trail of Tears'에 대한 이야기를.

'눈물의 길'은 체로키 부족이 자신들이 대대로 살던 곳에서 쫓겨날 때 걸었던 길이야. 미국 기병대의 감시 아래 그들은 피눈물을 흘리며 걸어야 했어.
1830년대 조지아주에서 평화롭게 살던 체로키 부족에게 위기가 찾아왔단다. '황금' 때문이었어. 황금을 캐려는 백인들이 원주민 마을에 허락도 없이 몰려들었어. 원주민들은 그들과 충돌할 수밖에 없었지. 그러자 미국의 앤드류 잭슨 대통령 1829~1837 재임은 오히려 원주민들을 강제 이주시키기로 결정해 버려. 총과 칼을 앞세워서 말이야. 그대로 물러날 수 없었던 체로키 원주민은 1만 7,000명의 서명을 받

아 미국 연방 대법원에 판결을 신청했고, 미국 연방 대법원은 원주민에게 그들 땅에서 살아도 된다는 판결을 내렸어. 그런데도 앤드류 잭슨 대통령은 이를 무시하고 원주민들을 추방했어. 앤드류 잭슨은 미국 역사상 대법원 판결을 따르지 않은 유일한 대통령으로 남았지. 그는 테네시주 민병대 대장이던 시절부터 원주민을 잔인하게 소탕하는 걸로 유명했단다. '날카로운 칼' 혹은 '인디언 킬러'라고 불릴 정도로 말이지. 이런 사람이 미국의 영웅으로 20달러 지폐의 주인공이기도 하다니!

체로키족은 이에 대항하여 싸웠지만 이 싸움을 세미놀 전쟁이라고 한다 백인들의 막강한 군사력에 패하고 말았어. 1838년 미국은 체로키족을 비롯한 다섯 부족, 6만여 명이나 되는 원주민들을 대대로 살던 터전에서 2,000킬로미터나 떨어진 오클라호마주의 허허벌판으로 이주시켰단다. 역사는 당시 터전을 떠나는 원주민이 걸어야 했던 길을 '눈물의 길'이라고 기록했어.

"무덤으로 들어가기 직전의 노파마저도 무거운 짐을 짊어진 채 걷고 있었다."

이런 기록이 남아 있을 정도로 그 길은 눈물과 죽음의 길이었단다. 원주민들은 추위와 굶주림, 질병으로 약 4,000명이나 목숨을 잃었어. 처음 길을 떠날 때 1만 5,000명이었으니 거의 3분의 1이 희생된 거지. 이 죽음의 강제 이주는 체로키족뿐만 아니라 다른 부족까지 포함해 8,000여 명에 달하는 희생자를 내고 말았단다.

　백인들은 원주민을 야만인이라고 불렀어. 황금의 가치를 모르는 바보라고 생각하기도 했고. 하지만 황금을 차지하기 위해 총칼을 들고 남의 땅에 쳐들어가서 학살하고 내쫓은 사람들과 자연을 사랑하고 아끼며 오랫동안 그 땅에 산 사람들 중 누가 더 야만인일까?

　고귀한붉은나무야!
　박물관을 관람하고서 두 가지 의문점을 가진 네가 매우 특별한 사람처럼 느껴지는구나. 날카로운 지적이거든. 맞아, 원주민들을 학살한 건 영국인 혹은 유럽인이 아니라 바로 '미국인'이야. 인디언 보호구역은 보호구역이 아니라 감옥과 마찬가지인 곳이고.
　너처럼 같은 문제라도 새로운 눈으로 바라보고 생각하는 사람들이 세상을 아름답게 바꿀 수 있단다. 차별과 편견 없는 세상으로 말이야.

쌤에게

어느 원주민 추장의 말

쌤, 지난주에 할아버지 댁에 다녀왔어요. 할아버지의 일흔 살 생신을 축하하려고 온 가족이 모였거든요. 할아버지에게 원주민 박물관에 다녀온 이야기를 했더니, 빙그레 웃으시며 노래 한 곡을 들려주셨어요.

노래가 매우 흥겨워서 할아버지와 함께 어깨를 들썩이며 춤을 추었어요. 가사가 언뜻언뜻 들리는데, 체로키국, 체로키국, 하는 거예요. 그래서 노래를 다 듣고 할아버지에게 여쭤 보았죠. 제목이 〈인디언 보호구역〉이었어요.

할아버지는 가사 내용을 말씀해 주셨어요.

"체로키 원주민의 슬픈 역사가 담긴 노래란다. 언젠가는 그들이 자신들의 땅으로 돌아갈 것이라는 내용이지. 어릴 때는 이 노랫말의 의미를 몰랐는데, 나중에 알게 되었어."

제가 원주민들의 생활 방식이 맘에 든다고 하자 놀랍게도 할아버지도 그렇다고 말씀하셨어요. 할아버지는 지금 살아 있는 원주민 추장들 이야기를 담은 책 《지혜는 어떻게 오는가》를 펼쳐서 천천히 읽어 주셨어요.

> 신은 모든 것을 단순하게 만드셨어. 대지를 공경하고, 서로를 공경하고, 생명을 공경하도록 말이야. 그래 공경이 곧 우리의 법이야. 신의 창조물들을 공경하고, 이 대지 위에 사는 모든 존재들을 공경하고, 어머니 대지를 공경하는 것 말이야.
>
> 우리는 대지를 절대로 해치지 않아. 물도 마찬가지야. 왜냐하면 우리는 산과 들과 강과 호수의 모든 신성한 장소들을 공경하거든. 그리고 아직 태어나지 않은 다음 세대들을 공경하는 것을 한시도 잊지 않아. 그들 또한 이 세계에 대한 권리를 갖고 있기 때문이지. 우리는 그들을 공경해야 해. 이것이 우리의 종교고 우리의 법이야. 우리들의 방식이고 우리의 가르침이지.

할아버지는 책장을 덮으며 말씀하셨어요.
"이 추장의 말처럼, 모든 생명들이 서로 공경하면서 살면 세상이 얼마나 평화롭겠니? 공경은 바로 상대를 이해하고, 상대의 존엄성을 인정하는 데서 나오는 것이거든."
저는 마음이 몽글몽글해졌어요.

그리고 할아버지는 어느 추장의 말을 더 읽어 주셨어요.

> 우리는 대지의 일부이며, 대지 또한 우리의 일부분이다. 들꽃은 우리의 누이이고, 사슴, 말, 얼룩독수리, 이 모든 것들은 우리의 형제이다. 바위투성이의 산꼭대기, 강의 물결과 초원에 핀 꽃들의 수액, 조랑말과 인간의 체온, 이 모든 것들이 하나이며 모두 한 가족이다. 우리는 안다. 모든 것은 한 가족을 묶는 피처럼 연결되어 있다는 것을.

책장을 덮으며 할아버지가 말씀하셨어요.

"원주민 추장의 말처럼, 백인이든 백인이 아니든 사람은 나뉠 수 없다. 우리는 모두 대지를 어머니로 둔 형제이기 때문이지."

할아버지가 모든 인류는 형제라고 말씀해 주셨어요. 왜 그런지 이제야 이해가 되었어요.

고귀한 붉은 나무에게

캐나다의
내 원주민 친구

네 편지를 읽고 나서 잠시 창문을 열고 바람을 느껴 보았단다. 네 아름다운 마음이 따뜻한 바람에 실려 모든 사람들의 마음에 가 닿았으면 좋겠구나.

2010년 미국 정부는 약 200년 만에 원주민들에게 처음으로 사과했어.
"건국 초기에 정부가 원주민을 탄압하고 강제 이주시킨 점에 대해 사과한다."
국가가 저지른 학살과 인권 탄압을 인정한 거야. 하지만 사죄로 끝내서는 안 돼. 원주민에 대한 차별이 여전하거든. 이걸 중단해야 진정한 사과가 될 수 있어.
1851년 미국 의회는 '인디언 이주법'을 통과시켰어. '인디언 보호 구역'을 설정한 법이지. 이 법에 따라 대부분의 원주민들은 지금까지 미국 정부가 지정한 약 310개의 '인디언 보호구역'에서 살아가고 있단다.

　보호구역 안에는 할 만한 일이 없어. 그래서 대부분의 원주민들은 직업 없이 지낸단다. 누구나 일을 해서 먹고 살아야 하지만, 미국 정부는 그들에게 직업을 갖거나 노동을 할 수 있는 기회를 주지 않고 있어. 미국이라는 거대하고 부유한 나라에서 원주민들이 가난하고 비참한 생활을 할 수밖에 없는 이유인 거지.

　어느 눈 내리는 겨울날, 캐나다 원주민 마을을 찾았을 때가 생각나. 너도 알다시피 미국에만 원주민이 있는 게 아니야. 캐나다에도 원주민들이 살고 있었지. 그곳에도 프랑스와 영국 등 유럽인들이 들어와서 땅을 차지했어. 원주민들은 미국과 마찬가지로 '인디언 보호구역'으로 쫓겨났고. 참, 캐나다에서는 인디언 보호구역$^{Indian\ reservation}$을 '보호지^{Reserve}'라고 한단다.

　너도 알 거야. 루시 몽고메리의 《빨간 머리 앤》이라는 책. 이 책이 최근 드라마로 만들어졌지. 거기에 원작에는 없는 캐나다 원주민 이야기가 나오더구나. 반가운 마음도 들었어. 인기 있는 드라마에서 캐나다 원주민이 학대받고 차별받는 이야기가 다루어져 전 세계 사람들이 그 현실을 조금이나마 알게 되겠구나 하고 말이야. 이전에는 캐나다 원주민들 이야기는 거의 알려지지 않았거든.

캐나다 오타와 옆에 있는 아크웨사스네$^{Akwesasne\ Mohawk}$ 마을에서 살다가 미국으로 유학을 온 내 친구가 있어. 아크웨사스네 마을은 캐나다 원주민인 모호크족이 사는 곳으로 '보호구역'과는 조금 다른 '원주민 자치구역'이야. 대우는 보호구역 사람들과 별반 다르지 않단다. 하지만 모호크족은 이 아크웨사스네를 '첫 번째 국가$^{Frist\ nation}$'라고 해. 지도에도 없는 나라지만 캐나다에 속한 하나의 지역이 아니라 모호크 부족의 나라라는 뜻으로 그렇게 부른대. 여기에는 자신들이 이곳에 원래 살던 원주민이라는 정체성은 물론 어디에도 속하지 않은 독립적인 나라를 가졌다는 의지가 담겨 있다고 생각해.

당시 같은 대학원에 다니고 있던 그 친구가 겨울 방학에 나를 초대했어. 친구를 만나기 위해 차를 몰고 북쪽으로 가는데, 눈앞이 보이지 않을 정도로 눈이 내렸단다. 눈길을 헤치고 친구의 집에 겨우 도착했지.

'아크웨사스네 모호크 구역'이라는 팻말이 눈에 들어왔어. 그곳에는 한눈에 보아도 가난이 묻어나는 허술한 집들이 듬성듬성 들어서 있었지. 겨울이라 그런지 더 황량해 보이더구나.

친구의 집은 이층집이었는데도 매우 비좁았어. 워낙 형제자매들이 많기 때문에 방마다 이층 침대가 놓여 있었단다.

친구는 나를 데리고 다니면서 그 마을에 사는 친구들을 소개해 주었어. 덕분에 그들이 사는 모습을 생생하게 볼 수 있었단다.

그런데 좀 이상한 건, 만나는 사람마다 술을 권하는 거야. 난 왜 이렇게들 술을 많이 마시냐고 물어봤어. 친구는 절망에 빠진 원주민들이 술과 마약에 중독되어 있다고 귀띔해 주었어. 원주민은 일자리뿐만 아니라 여러 면에서 차별을 겪는다고 해. 남자들은 제대로 된 일자리를 얻을 수 없어 대부분이 하루 벌어 하루 사는 건설 노동자 생활을 하고 있다는 거야. 가까운 곳에 일거리가 없을 때는 일자리를 찾아 도시에서 도시로 옮겨 다니다가 돌아온대. 내 친구의 아버지, 남자 형제들도 모두 마찬가지라고 했어.

백인들은 비옥한 땅에서 평화롭게 살던 그들을 황량한 이곳에 가두고 온갖 차별과 박해를 했어. 그 때문에 원래 이 땅의 주인인 원주민들의 삶은 무너지고 만 거야. 농사지을 땅마저 잃은 그들은 아무런 희망 없이 살아야 했지.

현실이 이런데도 캐나다 사람들은 원주민을 세금만 축내고 하는 일 없이 돌아다니는 사람, 다른 사람들을 해치는 위험한 사람, 조심해야 할 사람들이라고 생각하는 경우가 많아. 이런 편견이 계속 차별을 만들고 있지.

내 친구는 이 아크웨사스네 마을에서 대학원에 다니는 거의 유일한 사람이었어. 이전에도 대학원까지 다닌 사람은 거의 없었대. 내 친구는 워낙 뛰어나게 공부를 잘하기도 했거니와 엄청나게 열심히 생활했어.

친구는 공부하는 이유가 뚜렷했지. 공부를 마친 뒤 아크웨사스네 마을로 돌아가서 원주민 아이들을 교육하고, 사라지고 있는 자신들의 언어를 되살리는 일을 하고 싶다고 했어.

그 친구가 종종 보고 싶어. 친구는 아마 자신이 생각했던 꿈들을 활짝 펼치고 있겠지?

쌤에게

할머니의 꽃밭처럼

《빨간 머리 앤》을 넷플릭스 드라마로 봤어요. 앤의 친구인 원주민 소녀를 백인들이 강제로 기숙학교에 끌고 가는 장면이 나왔어요. 소녀의 부모에게는 허락도 받지 않고요. 기숙학교는 가톨릭 신부와 수녀가 운영하는 곳이었지요. 그 소녀의 부모가 딸을 되찾기 위해 목숨을 걸고 싸우는 장면, 마침내 소녀를 탈출시켜 함께 고향 마을로 돌아가는 장면에서는 화도 나고 안타깝기도 해서 눈물이 났어요.

역사적인 사실에 대해서도 알아 보았어요. 백인들이 캐나다 원주민 아이들을 기숙학교에 강제로 넣은 이유가 너무나 끔찍했어요. 백인처럼 생각하고 생활하게 해서 백인의 영혼을 가진 사람을 만들려고 했던 거래요.

어떻게 이런 생각을 할 수 있을까요?

그들은 원주민 마을로부터 멀리 떨어진 곳에 학교를 세운 뒤 네다섯 살 된 아이들을 부모로부터 강제로 떼어 내 기숙학교에 집어 넣었어요.

　기숙학교에서는 영어만 쓰도록 했고, 원주민들의 종교뿐만 아니라 전통놀이와 문화적 습관까지 금지했어요. 아이들이 열다섯 살이 될 때까지 부모들이 만나러 올 수도 없었고, 특별한 경우가 아니면 아이들도 집에 갈 수가 없었대요. 겨우 네다섯 살 된 어린아이들이 가족도 보지 못한 채 갇혀 살면서 아주 조그만 잘못에도 매질을 당했고, 성추행이나 성폭력을 당하기도 했대요. 영양실조에 걸리거나 병으로 죽은 아이들이 6,000명이 넘는다고 해요. 이 기숙학교는 무려 110여 년 동안 운영되었고, 15만 명이나 되는 원주민 아이들이 수용되었대요.

　저는 아이들이 가여워서 가슴이 터질 것 같았어요. 만일 내가 그 기숙학교에 있었으면 어땠을까 생각하니 소름이 끼쳤어요.

　쌤!

　쌤의 모호크 친구 이야기와 《빨간 머리 앤》을 보고 많은 생각을 했어요. 전 미국에 사는 백인인데, 흑인 친구도 있고, 아시아인 친구도 있어요. 라티노_{라틴 아메리카 출신의 사람}도 있고요. 우리는 학교에서 미국이 멜팅 팟_{melting pot. 용광로}이라고 배웠어요. 이민자들로 구성된 나라 여러 인종·민족·문화가 뒤섞여 하나가 되는 나라라고요. 세계 여러 나라에서 모여든 사람들이 하나가 된다는 건 좋은 일이라고 여겼지요.

하지만 생각이 바뀌었어요. 각 나라 사람들의 고유함이 없어지고 하나가 되는 게 과연 좋은 일일까요?

할머니가 가꾸는 꽃밭을 떠올려 보았어요. 거기에는 온갖 꽃들이 저마다 자신만의 빛깔과 모양을 간직한 채 어우러져 있어요.

그래서 생각했어요. 각자의 개성이나 고유한 특징을 녹여 하나로 만들기보다 할머니의 꽃밭처럼 한 사람 한 사람이 고유한 아름다움을 뽐내면서 어우러지는 나라가 되면 좋겠다고요.

그런 나라는 편견과 차별이 없어야 가능하겠지요?

쌤, 저는 그런 세상을 만들기 위해 노력할 거예요. 원주민이든, 백인이든, 흑인이든, 아시아인이든 모두 어우러질 수 있는 커다란 꽃밭과 같은 세상 말이에요.

고귀한붉은나무에게

언어와 피부색을 뛰어넘는 우정

너와 편지를 주고받다 보니, 처음 미국에 갔을 때가 생각난다.

내가 처음 간 마을에는 아시아 사람이 거의 없었어. 그래서인지 종종 나를 이상한 눈길로 쳐다보는 사람들도 있었단다.

"저 사람은 도대체 누굴까? 어디서 왔을까? 왜 우리와 다를까?"

아마 이런 궁금증에서 비롯된 것이겠지?

나도 마찬가지였어. 한국에서는 보지 못했던 다양한 인종의 사람들을 보고는 궁금증과 호기심이 가득한 눈으로 주변을 바라보았지.

동네에서 작은 흑인 아이를 만났을 때, 난 그 아이의 머릿결이 무척 궁금했어. 심하게 곱슬거리고 거칠어 보이는데, 만져 보면 어떨지 말이야. 그 아이에게 다가가서 혹시 만져 봐도 되겠냐고 물었지. 그랬더니 흔쾌히 그러라고 하더구나. 얼른 쓰다듬어 보고는 깜짝 놀랐단다. 너무나 부드러웠거든.

그때 흑인들의 머리카락은 피부를 뚫고 나올 만큼 거셀 거라는 편견이 깨졌지. 모르면 편견이 생기고, 차별은 편견에서 온다고 하잖아. 우리가 누군가를 차별하는 것은 대부분은 '모름'에서 오는 거라고 생각해.

고등학교 때 우리 학교에는 외국에서 온 친구들을 위한 영어 특별반이 있었어. 난 팔레스타인, 아르헨티나, 에콰도르, 이탈리아 등 세계 곳곳에서 온 친구들과 한 반이 되었어. 그때 많은 것을 배웠지. 우리는 조금 아는 영어로도 정말 잘 통해 언어의 장벽을 뛰어넘는 우정을 쌓을 수 있었어. 그럴 수 있었던 건 우리가 서로에게 편견이 없었기 때문인 것 같아.

"너는 어디서 태어났니? 너희는 이럴 때 어땠어?"

이렇게 사소한 이야기들을 자연스럽게 나누다 보니 서로에 대해서 알게 되고 친구들의 나라나 민족의 풍습도 알게 되었어. 그 과정에서 우리는 서로 다르기도 하지만 같다는 것을 깨닫게 되었지. 특히 미국으로 유학 온 우리는 미국에서는 소수자였어. 그래서인지 소수자만이 갖는 어려움도 잘 이해할 수 있었단다.

미국에 살면서 아시아 사람이기 때문에 겪는 차별도 적지 않았어. 백인에게 차별받던 흑인들이 아시아인을 차별하는 경우도 있었지. 그럼에도 난 흑인 친구들하고 잘 지냈어. 아시아인이라 겪어야 했던 차별 때문에 흑인 친구들의 기분을 이해했기 때문이야.

흑인 친구들은 말투도 거칠고 행동도 거친 편이었어. 이상하게도 난 그게 싫지 않더라. 그들이 왜 그런 행동을 하는지 생각해 봤거든. 백인들에게 차별받고 고통받았기 때문에 그럴 수도 있겠다고 이해하게 되었지. 겉으로는 굉장히 거칠게 굴었지만 내가 가까이 다가가자 너무나 거리낌 없이 대해 줬어. 그렇게 친해진 덕분에 흑인 친구들이 자신들의 인권을 위해 시위할 때 함께하곤 했어. 나도 소수자이기 때문에 서로 마음을 활짝 열 수 있었던 것 같아.

아프리카계 흑인들은 미국 남부가 마음의 고향이라고 하더구나. 미국에 온 그들이 처음 정착한 곳이 면화 농장이 많은 남부였대. 이후 남북전쟁을 겪으면서 노예제도가 폐지되고, 흑인들은 북쪽으로 올라왔지. 북부 지방에 그들이 일할 수 있는 일터가 많았거든. 그들은 노예에서 공장 노동자로 살게 되었어. 그래서 비록 몸은 북부에 있지만 자신들의 조상이 처음 도착한 남부를 자신들의 뿌리라고 생각한다는 거야.

사실 자신들의 실제 뿌리는 아프리카지만, 아프리카 어디인지 확실히 모르는 경우가 대부분이래. 그들이 미국 남부를 자신들의 고향으로 여기는 건 이런 점 때문이야.

아킬라라는 흑인 친구가 있어. 아킬라는 아프리카식 이름이야. 어렸을 때 이름은 리노라 윌리엄스였는데, 자신이 아프리카계 흑인이라는 사실에 자부심을 갖기 위해 바꿨대. 그 친구의 집은 허름한 목조 건물로 난방이 되지 않아 밤에는 굉장히 추워 오리털 이불을 덮고 잔대. 남부에서는 오리나 닭을 많이 길러 오리털 이불이 흔하다고 해. 하루는 잠을 자는데 이불 속에서 뭔가가 꿈틀거리더래. 그래서 일어나 보니 이불 속에 뱀이 들어와 있더래. 아킬라는 그런 일이 자주 있다면서 웃었어. 나는 너무 놀랐지만 "그게 정말이야?" 하고 물을 수는 없었어. 그 친구가 상처받을 수도 있다고 생각했거든.

우리 어머니는 어릴 때부터 두 가지를 가르치셨어. 역지사지易地思之와 측은지심惻隱之心이야. 역지사지는 입장을 바꾸어 생각을 하는 태도이고, 측은지심은 남의 불행을 내 일처럼 여기는 마음이야. 둘 다 다른 사람들을 이해하고 공감하는 마음과 생각이지. 난 어머니의 말씀을 늘 가슴에 새겼어. 피부색과 언어가 다른 다양한 친구들과도 친하게 지낼 수 있었던 건 어머니의 말씀 덕분인 것 같아.

세상을 하나의 커다란 꽃밭으로 만들고 싶다는 너의 말 기억할게. 아름다운 꽃밭을 만들 수 있을 거라 믿어!

2
남아프리카공화국에서 온 편지:

남아프리카공화국은
어떤 나라일까?

남아프리카는 코이산족^{수렵 채집과 목축을 하는 부족}, 반투어를 사용하는 부족들^{농경민과 철기 도구를 사용하는 민족}, 산족^{부시맨}과 코이코이족^{호텐토트족} 등 다양한 부족이 대대로 살아온 곳이에요. 중부 아프리카에서 반투족이 이동해 오고 줄루족, 코사족, 소토족 등이 정착하면서 이들이 남아프리카 인구 중 가장 많은 비중을 차지하게 되지요.

17세기 네덜란드가 이곳을 식민지로 만든 데 이어 18세기 후반에는 영국이 식민지로 만들었습니다. 19세기에 다이아몬드와 금이 발견되면서 영국은 세 번의 전쟁을 일으켰고, 결국 승리하면서 남아프리카의 여러 부족은 남아프리카연방이라는 이름으로 영국 지배하에 들어가게 됩니다.

남아프리카연방은 1948년 백인들의 정당인 국민당이 집권하면서 아파르트헤이트^{인종 분리} 정책를 공식화했습니다. 이로 인해 유색 인종^{흑인, 혼혈인, 인도인}은 기본 권리를 박탈당한 채 특정 직업만 가질 수 있었고, 마음대로 이동할 수도 없었어요. 아프리카인들은 흑인 거주지로 정해진 곳에서만 살도록 했습니다. 이에 남아프리카의 흑인들뿐만 아니라 전 세계 사람들이 크게 반발했어요.

1961년 남아프리카연방은 영국 연방에서 탈퇴해 독립 국가인 남아프리카공화국이 되었어요. 그러나 흑백 차별은 여전했습니다. 그러자 많은 나라들이 남아프리카공화국과는 무역과 외교를 하지 않았어요. 1990년 남아프리카공화국 내부의 지속적인 저항과 국제적인 압력으로 백인 정권은 붕괴되고, 마침내 아파르트헤이트가 철폐되었습니다.

1994년 남아프리카공화국은 처음으로 민주적 총선을 치렀고 넬슨 만델라가 흑인 최초로 대통령이 되었습니다. 이로써 남아프리카공화국은 새로운 시대를 열게 되었지만, 오랫동안 지속된 인종 차별은 여전히 남아 있습니다.

쌤에게

크리스마스에 벌어진 일

쌤!

오늘은 제가 열세 번째 맞는 크리스마스예요. 저는 해마다 12월이면 설레는 기분으로 이날을 기다려요. 이날 아침에는 어김없이 작은 트리 아래 선물이 놓여 있거든요. 엄마 아빠가 갖다 놓는다는 걸 이미 다섯 살 때 알았지만, 열 살 때까지는 엄마 아빠가 간직하고 있는 동심을 지켜 주기 위해 애써 모른 체했어요.

오늘도 우리 가족은 크리스마스를 즐기기 위해 작은 케이크를 하나 샀어요. 그리고 저녁을 먹은 후 케이크의 촛불을 껐어요.

엄마는 달콤한 케이크 한 조각을 입에 넣으면 고단한 몸과 마음이 사르르 녹는 기분이 든대요.

"예수님 덕분에 케이크를 먹을 수 있으니, 이것이 진짜 예수님의 사랑이지."

그러면서 크게 한 입 떠먹었어요.

아빠는 늘 하던 대로 텔레비전을 켰어요. 마침 뉴스가 나오고 있었는데, 아빠가 갑자기 천장까지 튀어오를 듯 벌떡 일어섰어요. 놀란 엄마가 케이크를 미처 삼키지 못한 채 아빠를 쳐다보았어요.

"아니, 어떻게 이럴 수 있지?"

아빠의 몸이 부르르 떨렸어요.

뉴스에서는 수영장에서 백인 어른이 제 또래 흑인 남자아이의 목을 틀어쥐고 흔들며 소리를 지르는 장면이 나오고 있었어요. 아이는 목이 졸린 채 숨이 막혀 켁켁거리고 있었고, 남자는 아이를 그대로 수영장에 빠뜨릴 듯했어요. 백인들만 사용하는 수영장에 감히 흑인이 들어왔다며 고래고래 소리를 지르면서요.

아이의 몸이 종이 인형처럼 흔들렸어요. 덩치 큰 백인 남자는 주변에서 말리면 말릴수록 더 흥분해서 날뛰었고요. 소년의 사촌형이 말리려고 하자 백인 남자는 그를 확 밀쳐 물에 빠뜨리기까지 했어요.

나는 너무 놀란 나머지 멍해졌어요. 도무지 이해가 되지 않았어요.

"아파르트헤이트1990년까지 있었던 남아프리카공화국의 인종 분리 정책가 끝난 지 30년도 넘었어! 그런데도 아직 이런 차별 속에서 살아야 하다니!"

아빠가 분노에 찬 목소리로 말했어요.

"너희 세대에는 인종 차별이라는 단어가 사라지길 바랐는데……, 그래서 그 많은 희생을 치르며 싸웠는데……."

엄마는 금세 눈물을 뚝뚝 흘렸어요.

저녁 내내 뉴스는 그 사건으로 뒤덮였어요.

쌤!

여덟 살 때 읽은 《크리스마스의 기적》이라는 책이 생각나요. 우리 마을에 처음 도서관이 생긴 날, 전 가장 먼저 달려갔어요. 표지에 크리스마스 트리가 그려진 그림책을 골랐지요. 제1차 세계대전 때 있었던 일을 그린 내용이었어요. 크리스마스 날에도 영국군과 독일군은 서로 총부리를 겨누고 싸우고 있었는데, 누군가 캐롤을 불렀대요. 그 노래를 들은 양쪽 군인들이 크리스마스 하루만이라도 휴전을 하자고 해서 그날은 전쟁을 하지 않았다고 해요.

그 이야기는 제게 크리스마스가 어떤 날인지 가르쳐 주었어요. 싸움을 멈추는 날, 서로 사랑하는 날이라는 것을요.

쌤, 크리스마스는 이 세상에 하느님의 사랑을 전하기 위해 예수님이 오신 날이잖아요. 게다가 예수님은 하느님 안에서 모든 인간은 평등하다고 하셨잖아요. 모두가 예수님의 탄생을 기뻐하며 행복한 시간을 보내는 건 이 때문이잖아요. 그런 날에 이런 일이 일어나다니, 제게는 가장 슬픈 크리스마스가 될 것 같아요.

단지 피부색이 다르다는 이유로 '크리스마스' 날 어른이 어린이에게 주먹을 휘두르고 목을 졸랐다는 게 말이 되나요?

우리 소웨토^{남아프리카공화국의 요하네스버그 남서쪽 지역에 있는 흑인들의 빈민촌} 사람들은 남다른 자부심이 있어요. 이곳이 넬슨 만델라 대통령^{남아프리카공화국의 첫 흑인 대통령}과 투투 주교^{남아프리카공화국의 민주화를 위해 싸운 종교 지도자}의 고향이거든요. 두 분 다 노벨평화상을 받았지요. 흑인 해방 운동과 인종 차별을 없애는 데 공을 세웠기 때문이에요.

저는 어릴 때부터 두 분의 이야기를 듣고 자랐어요. 백인들이 아파르트헤이트 정책을 쓰자 흑인들도 백인에 대한 거부감이 심했어요. 만델라 대통령이 흑인으로서 첫 대통령이 되었을 때 많은 사람들이 백인들이 우리에게 했듯, 그들에게 되갚아 주고 싶어 했대요.

하지만 대통령은 그렇게 하지 않았대요. "용서하되 잊지 말자"라고 하면서 백인들, 특히 남아프리카공화국 정부에서 일하며 흑인의 인권을 짓밟은 사람들의 죄를 밝히고는 용서해 주었다고 해요. 언제까지나 미움의 굴레에 갇혀 서로 못 살게 굴 수는 없다면서요.

만델라 대통령의 '화해와 용서' 정책으로 남아프리카공화국은 다시 세계 여러 나라들과 교류를 할 수 있게 되었어요.

아빠는 그때 용서가 얼마나 소중한지 다시 생각해 보았다고 해요.

"우리가 그들과 똑같이 했다면, 백인이고 흑인이고 할 것 없이 모두 죽거나 망했을 거다."

우리는 가난하고 힘이 없어요. 하지만 누군가를 용서할 수 있는 마음은 우리에게 큰 용기를 주었어요.

그런데 오늘과 같은 일을 겪을 때면 '과연 우리가 용서한 것이 잘

한 일일까?' 하는 의문이 들어요. 아파르트헤이트가 끝났다고 하지만 백인들의 우월감은 여전하니까요.

    도대체 백인들은 왜 자신들이 우리보다 더 우월하다고 생각하는 걸까요? 그리고 우리보다 낫기는 한 걸까요?

몰로이에게

남에게 고통을 주는 건 결코 앞선 문명이 아니야

내 친구, 몰로이!

크리스마스에 벌어진 그 일은 나도 뉴스로 보았단다. 우리나라 뉴스에서도 그 사건이 보도되었거든. 에스앤에스(SNS)가 발달한 덕분에 멀고 먼 지구의 동쪽 끝에 있는 한국까지 그 소식은 금방 전해졌지. 나와 친구들은 그 아이의 사촌형이 올렸다는 영상을 보고는 너무 어이가 없고 화가 나 눈물이 날 정도였단다.

네가 편지 마지막 부분에 가진 의문에 대해 생각해 봤어. 과연 누군가 다른 사람보다 우월하다는 것의 근거는 무엇일까? 근거가 과연 있기나 한 걸까?

사람들은 흔히 생각하지. 높은 빌딩을 짓는다든가, 자동차나 비행기 등을 만든다든가, 혹은 컴퓨터 다루는 기술이 뛰어나면 발전되고 앞선 문명을 가졌다고 말이야. 하지만 네 말대로 전쟁을 일으키고 약

탈하고, 사람을 죽이는 등 남에게 고통을 주는 데 그 문명을 이용한다면, 그것이 과연 앞선 문명이고 앞선 문화일까?

문화나 문명은 어떤 것이 앞서고, 어떤 것이 뒤떨어졌다고 말할 수는 없단다. 삶의 환경에 따라 각자 자신들에게 걸맞는 생활 양식을 찾아 살아갈 따름이지.

한때 유럽의 여러 나라들이 대제국을 만들어 전 세계를 지배한 적이 있어. 15~16세기 유럽 사람들은 항해술을 발전시키고, 새로운 무기인 총을 발명한 뒤 세계 여러 나라를 침략했지. 유럽 사람들은 종종 자신들이 우월했기 때문에 그런 일을 할 수 있었다고 생각해. 하지만 역사적으로 살펴보면, 다른 나라를 지배한 건 그들의 필요에 의해서였지 반드시 그들이 우월하기 때문은 아니란 걸 알 수 있단다.

당시 유럽인들에게 아시아에서 나는 향신료는 무척 귀중한 물품이었어. 특히 인도산 후추는 인기가 많았지. 음식에 맛과 향을 더해 주고 생선과 같은 식품이 상하는 것을 막아 주었거든. 그래서 후추 등 향신료를 들여와 팔면 큰 부자가 될 수 있었어.

유럽인들은 향신료를 구하기 위해 너도나도 인도로 향했단다. 그런데 인도로 가기 위해서는 오스만 제국_{지금의 튀르키예. 당시엔 세 대륙을 지배할 정도로 대제국이었다}을 통과해야 했어. 오스만 제국은 이를 허락하지 않았지. 결국 그들은 바닷길을 개척해야 했고, 그 과정에서 우연히 '희망봉'을 발견했어. 포르투갈의 항해사인 바스톨로메우 디아스가 인도로 항해를 떠났다가 폭풍우를 만나 포기하고 돌아오는 길에 그곳을 발견한 거야.

그전까지 유럽인들은 아프리카가 다른 대륙과 연결되어 있다고 생각했어. 때문에 바다를 통해 인도로 가는 것은 불가능하다고 여겼거든. 그런데 새로운 길이 열린 거야.

유럽인들에게 희망봉은 말 그대로 기쁨의 시작이었어. 유럽인들이 인도를 비롯한 아시아로 가는 길고 긴 항해 도중 희망봉에 들러 식량도 보충하고 휴식도 취할 수 있었거든.

반면 아프리카 사람들에게, 그리고 아시아 사람들에게는 불행의 씨앗이었지. 네덜란드, 프랑스, 독일, 영국 등 유럽 국가들은 앞다퉈 아프리카와 아시아를 침략하고 전쟁과 약탈을 일삼았단다. 또한 아프리카와 아시아인들을 야만인으로 여기고 인종 차별도 서슴지 않았고.

결국 그들은 발달된 문명을 식민 지배를 위해 활용했어. 아시아와 아프리카 여러 나라를 식민지로 만들어 자원을 빼앗아 가고 그들의 삶과 역사, 문화를 짓밟았단다.

남아프리카공화국은 1961년 독립하기까지 수백 년 동안 네덜란드와 영국의 식민 지배를 받아야 했어. 그 때문에 원래 그 땅에 살았던 줄루족, 코이산족과 같은 원주민들은 자신들의 삶과 역사, 문화를 강제로 버려야 했고 박해를 받아야 했단다.

독립 후에도, 매우 적은 수에 불과한 백인들이 여전히 정치적·경제적 권력을 쥐고 대다수인 흑인 아프리카인, 혼혈인, 유색인들을 지배하면서 차별하고 약탈했어. 우체국, 공중 화장실, 급수대, 기차 등 공공시설은 물론 바닷가 같은 휴양지도 백인이 있는 곳은 모두 흑인들의 출입을 금지했지. 통행증이 없는 흑인들은 사는 곳에서 벗어날 수 없었고, 1950년대에는 아예 유색 인종이 정치에 참여할 수 없도록 만들어 버렸단다.

이런 차별과 폭력을 당하고만 있을 사람들이 어디 있겠니?

한국도 한때 일본 제국주의에 의해 식민 지배를 당한 적이 있단다. 땅을 빼앗겼고, 한국 말을 쓸 수 없었고, 문화는 짓밟혔단다. 한국 사람들은 나라를 되찾기 위해 끊임없이 저항했어.

너희도 마찬가지로 억압과 차별에서 벗어나기 위해 노력했다는 걸 우리도 잘 알고 있어. 결코 꺾이지 않은 너희의 마음을.

몰로이, 1976년 소웨토 항쟁에 대해 잘 알고 있지?

쌤에게

그해 소웨토에서 일어난 일

소웨토 항쟁에 대해서는 아빠에게 수도 없이 들었어요. 1976년 그해는 아빠가 태어난 해이기도 해요. 또 학교에서도 역사 시간에 배워 잘 알고 있어요.

우리 남아프리카공화국은 1652년부터 네덜란드의 식민지였어요. 그 때문에 네덜란드의 말이 우리말과 섞이면서 만들어진 아프리칸스어 남아프리카네덜란드어라는 게 있지요. 그 아프리칸스어는 곧 우리가 식민 지배를 받았다는 것을 상징해요. 그런데 그 말을 학교에서 강제로 쓰라고 한 거예요. 평소에 잘 쓰지도 않는 걸 말이에요.

소웨토의 학생들은 크게 반발했고, 수업을 거부하고 시위를 했어요. 그러자 경찰이 학생들에게 최루탄을 쏘며 강압적으로 진압했어요. 학생들은 이에 맞서 돌멩이를 던졌지요. 그러자 경찰은 무기도 없는 어린 학생들을 향해 마구잡이로 총을 쏘았어요.

그때 지금 저와 같은 또래인 피터슨이 경찰의 총에 맞아 숨지고 말

앉어요. 총에 맞은 피터슨의 사진이 전 세계 언론을 통해 알려졌어요. 그때 남아프리카공화국에서 벌어지는 비인간적인 인종 차별 정책도 함께 알려졌지요. 세계 여러 나라들이 남아프리카공화국과 국교를 끊고 무역을 하지 않기로 했어요. 심지어 남아프리카공화국이 올림픽이나 월드컵 등에도 출전하지 못하도록 했어요. 세계에서 고립된 남아프리카공화국의 백인 정부는 마침내 무너졌고, 인종 분리 정책인 아파르트헤이트도 끝이 났어요.

그렇다고 흑인들의 삶이 하루아침에 좋아지지 않았어요. 수백 년 이어진 차별과 수십 년 동안 실시된 인종 분리 정책으로 제대로 된 일자리를 얻을 수도 없고, 강제로 이주를 당해 백인들이 정해 놓은 지역에서만 살아야 했던 흑인들은 가난을 벗어나기 매우 어려웠대요.

제가 사는 마을인 소웨토도 흑인들이 강제로 이주당해 생긴 마을이에요. 아빠 어렸을 때는 마을에 전기도 수도도 없었대요. 야생 동물들이 수시로 나타날 정도였고요. 그런 곳에 백인들이 우리를 강제로 이주시켰다고 하니, 억울하고 화가 났어요.

1994년 넬슨 만델라 대통령이 당선되고 나서야 소웨토에도 공동 주택과 공원이 건설되고, 수도, 전기, 하수시설도 갖추게 되었대요. 드물기는 하지만 부자 마을도 있고요. 하지만 여전히 소웨토는 흑인들의 빈민촌이에요.

몰로이에게

나를 보스라고 부르던 소년

몰로이, 네 편지를 읽으면서 옛날 일이 떠올랐어.

남아프리카공화국에서 흑인들과 일부 백인들은 차별을 없애기 위해 통합민주전선아파르트헤이트에 반대하는 조직들이 하나로 모여 만든 대중 운동 단체을 만들고 투쟁을 하기 시작했어. 난 그들을 돕기 위해 남아프리카공화국에 갔단다. 그때 그곳에서 인종 차별이 어느 정도였는지 직접 목격했지.

첫날, 숙소에서 짐을 풀고 식사를 하기 위해 식당으로 갔어. 흑인 소년이 손님들이 오면 안내하고, 손님들이 먹고 간 자리를 정리하는 일을 하더구나. 내가 테이블에 앉자 그 친구가 다가와서 말했어.

"물 한잔 갖다 드릴까요, 보스?"

"보스라고?"

보스Boss는 회사의 대표나 어떤 조직의 우두머리를 뜻하는 거잖아. 그런데 이 흑인 소년이 나를 보스라고 부르는 거야. 왜 그러지? 너무 이상했어. 곰곰이 생각해 보았지. 그리고 곧 깨달았어. 바로 인종 차별 때문이라는 것을 말이야.

　백인, 백인과 흑인 사이에 태어난 사람, 인도인, 유색인, 흑인 등 여러 인종 중에서 흑인은 남아프리카공화국에서 가장 낮은 신분이었어. 그런데 동양인은 '명예 백인'으로 대했어. 그러다 보니 동양인인 나를 보고 으레 높여 불렀던 거야. 말하자면 "주인님!" 하고 부르는 거랑 비슷했어. 그걸 깨닫고는 굉장히 충격을 받았어.

　남아프리카공화국에서 동양인을 '명예 백인', 즉 백인에 버금갈 정도의 대접을 한 데는 숨은 이유가 있었어. 그것은 일본 때문이었지. 세계가 남아프리카공화국의 인종 분리 정책에 반대하면서 국교를 단절했을 때 일본은 여전히 남아프리카공화국과 무역을 하고 있었거든. 그 덕분에 일본인들은 '명예 백인' 대접을 받았던 거야. 흑인 소년이 나를 '보스'라고 부른 이유를 알고 나니 씁쓸해졌어.

　내가 갔을 때에도 일본은 여전히 자신들의 이익을 추구하며 아파르트헤이트 반대에 소극적이었어. 만델라가 석방이 된 이후에야 비로소 반대 목소리를 냈단다.

　몰로이!
　네가 살고 있는 소웨토에도 갔단다. 당시만 해도 소웨토는 이곳이 사람이 살고 있는 곳이 맞나 싶을 정도로 정말 황폐했어. 소웨토 주민들은 왜 자신들이 살던 곳에서 쫓겨나 이렇게 더럽고 위험한 환경에 살아야 하는 거지? 분노했고, 슬펐고, 미안한 마음마저 들더구나.

하지만 소웨토 사람들은 가난하지만 결코 굴복하지 않았고 끊임없이 저항했어. 아프리카 사람으로서의 정체성을 당당히 지키면서 말이야. 그런 정신이 결국 혹독한 인종 분리 정책을 끝내는 밑거름이 된 거라 생각해.

몰로이, 네가 말했잖아. 수영장에서와 같은 사건을 볼 때면 '과연 우리가 용서한 것이 잘한 일일까?' 하는 의문이 든다고. 그건 우리가 두고두고 생각해 볼 문제야.

당시 넬슨 만델라 대통령을 비롯한 흑인들이 백인을 용서하지 않고 복수를 했다면 어땠을까? 네 아빠 말대로 흑인이든 백인이든 둘 다 망했을지도 몰라. 복수가 복수를 낳아 어쩌면 전쟁이 일어날 수도 있었겠지.

넬슨 만델라 대통령은 '진실과 화해위원회'를 만들고, 과거 흑인들을 탄압했던 사람들이 직접 죄를 고백하면 형사처벌을 면제해 주었어. 그리고 가해자가 감옥에 가는 대신 자신의 힘으로 피해자에게 배상하도록 했지. 복수 대신 백인들 스스로 반성하고 용서를 받을 기회를 준 것이지.

그런데 그와 같은 용서가 피해자의 입장을 충분히 생각하지 않았다는 비판을 받고 있단다. 남아프리카공화국이 차별을 딛고 평등한 민주 사회가 되기 위해서 '용서와 화해'는 꼭 필요한 것이었어. 하지만 '용서와 화해'에 치우친 나머지 '정의'에 소홀했다는 목소리들이 있는 거야. 직접 죄를 고백하면 처벌하지 않다 보니 고문하고 살인한 사람 등 심각한 폭력을 저지른 사람들까지도 처벌을 피할 수 있었거든. 또한 피해자들에 대한 배상도 제대로 이루어지지 않았고 말이야. 정치적으로는 화해를 이루었지만, 아파르트헤이트 정책 아래에서 이루어진 착취와 폭력, 차별 등 뿌리깊은 불평등은 해결하지 못했어. 그 결과 직업을 마음대로 가질 수 없었던 흑인들은 여전히 빈곤에 시달리고 있고, 인종 차별도 지금까지 남아 있게 된 거지.

섣부른 '용서와 화해'가 낳은 부작용이라고 생각해. 잘못에 대해서는 확실하고 정확하게 응징해야 정의를 실현할 수 있지 않을까? 정의 없이는 평화도 없으니까.

넬슨 만델라 대통령은 "수많은 차별과 탄압으로 잃게 된 정의를 되찾는 건 공동체를 회복할 수 있는 방향이어야 한다."고 했어. 여기서 '공동체'는 남아프리카공화국만이 아니라 인류 전체에 가장 필요하고 중요한 말이라고 생각해. 인류는 지구에서 함께 살아가야 할 공동체이니까.

인류는 최근 기후 위기로 인한 자연 재해, 그리고 코로나19^{혹은 코비드}와 같이 전 세계적으로 유행하는 전염병으로 생존의 위협을 받았어. 이런 위기들을 통해 사람들은 알게 되었지. 인류가 하나로 연결되어 있다는 사실을. 아프리카에 코로나가 발생하면 유럽과 아시아에도 발생하고, 아프리카가 기후 위기를 겪으면 그것이 곧 아시아나 유럽 사람들의 삶에도 영향을 미친다는 것을. 공동체 정신이 없으면, 인류에게 생긴 공동의 문제들을 해결해 나갈 수 없다는 것도.

공동체를 위해서 가장 필요한 것은 차별이 아닌 평등, 폭력이 아닌 평화의 정신이라고 생각해.

몰로이!

남아프리카공화국의 흑백 차별처럼 세계 곳곳에 아직도 인종 차별이 남아 있단다. 코로나19 이후 전 세계에서 벌어진 아시아 사람들에 대한 차별을 봐. 중국에서 코로나19가 발생했다는 이유로 아시아인 전체가 차별에 시달려야 했지. 한국에는 외국인 특히 동남아시아 사람들에 대한 차별이 있고.

'누구나 존중받고 평등한' 인권이 지켜지는 사회, 인종 차별과 혐오가 없는 사회, 그런 사회를 만들기 위해 어떻게 해야 할까?

거창하지 않아도 얼마든지 그런 사회를 만들 수 있다고 생각해. 어릴 적 우리 어머니를 떠올려 본단다. 어머니는 집에 누구든 찾아오면 언제나 밥을 대접했어. 배고픈 사람들이 밥을 얻으러 오면 따뜻한 밥 한 끼를 차려 주셨지. 끼니 때면 동네 아이들이 우르르 밥을 먹으러 오기도 했단다. 그러면 어머니는 조금도 번거로워하거나 귀찮아 하지 않고 "숟가락 하나 더 놓으면 된다."고 하시며 아이들에게 밥을 차려 주셨지.

이런 어머니의 마음을 알았는지 집에서 기르던 개, 닭, 병아리까지도 뒤를 졸졸 따라다녔어.

이는 사랑하는 마음에서 비롯된 자연스러운 행동이야. 배고픈 사람이든, 아이들이든, 가축들이든, 귀중한 생명이라고 생각하는 평등의 마음이지. 이런 마음을 갖고 우리가 모두 하나로 연결된 공동체라는 생각을 가지면, 어떻게 다른 사람을 함부로 대할 수 있겠니?

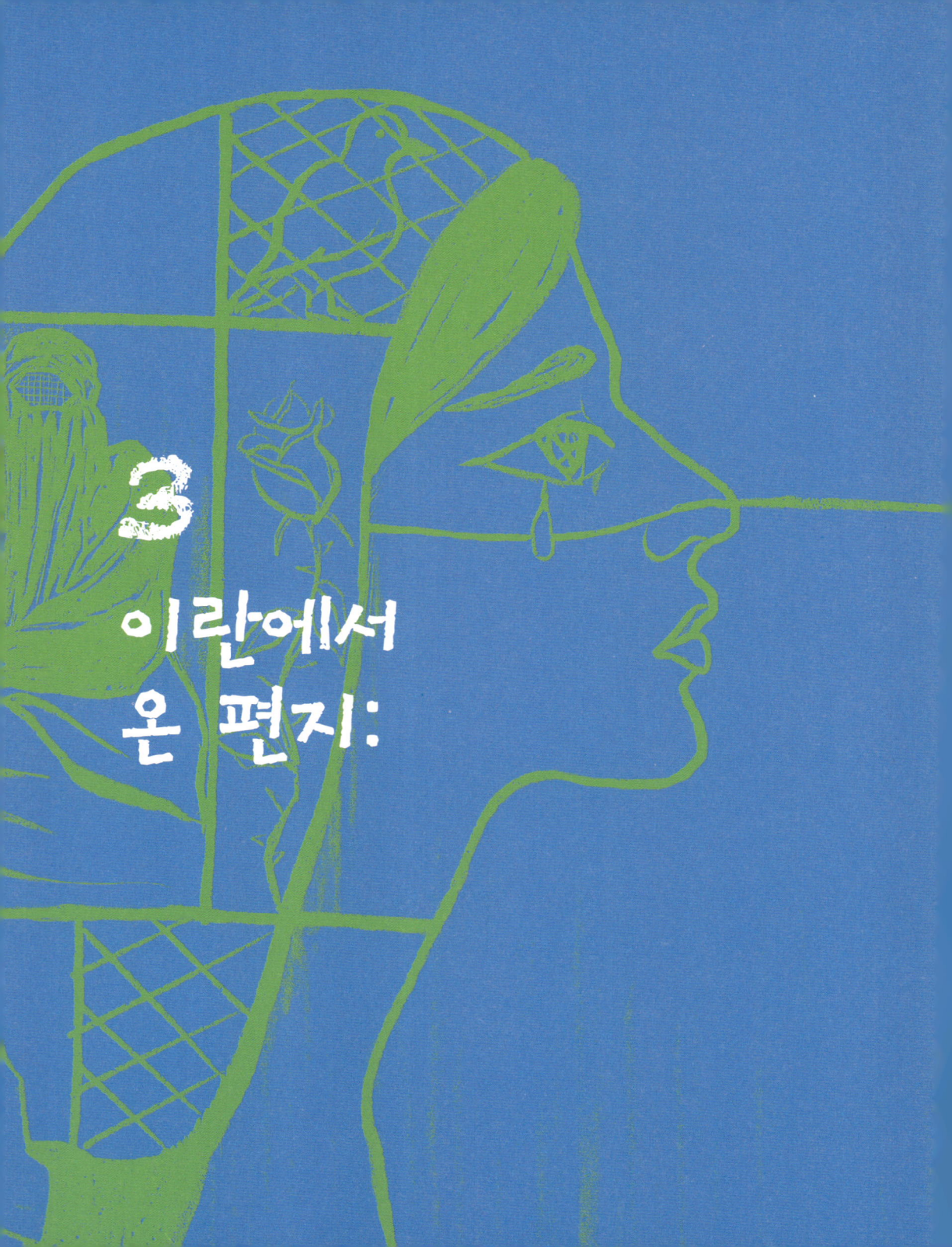

얼굴을 가리지 않으면
죽는다고요?

이란은
어떤 나라일까?

정식 국명은 이란이슬람공화국이에요. 줄여서 흔히 이란이라고 부르지요. 아프리카 대륙의 북쪽, 아시아 대륙의 서남쪽, 즉 중동이라고 부르는 지역에 있어요.

고대에는 인류 최초의 대제국인 페르시아가 있었어요. 그래서 국제 사회에서 오랫동안 페르시아라고 불렀어요. 7세기에 이슬람을 믿는 아랍 사람들에게 정복되면서 이슬람 문명을 받아들였고, 이로써 이란은 이슬람 문화와 예술의 중심지가 됩니다.

이란은 현재 중동 지역의 강국으로 시아 이슬람^{이슬람교의 한 분파}의 종

주국이기도 합니다. 중동 지역의 국가라면 아랍 국가를 떠올리기 쉽지요. 아랍 국가는 아랍어를 공용어로 쓰며 아랍민족주의에 기반을 둔 나라입니다. 이란은 페르시아어를 사용하는 국가로 중동 지역에서 튀르키예, 이스라엘과 함께 비아랍 국가입니다.

  현재 이란은 이스라엘과 전쟁 중입니다. 이스라엘과 오랫동안 적대적인 관계에 있던 이란이 핵을 개발하자, 이스라엘은 생존에 위협을 받는다는 이유로 2025년 6월 전쟁을 일으켰습니다.

쌤에게

히잡 시위가 벌어지고 있어요

쌤, 사라예요.

오늘 역사 수업을 했는데 울적했어요. 역사를 좋아하는 저는 평소 역사 선생님을 매우 존경했어요. 구레나룻에 안경을 쓴 선생님은 외모도 멋지지만 이란에 대한 자부심이 대단하거든요. 수업을 듣는 우리들까지도 자부심이 생길 정도니까요.

우리나라가 페르시아라는 이름으로 불릴 때, 세계 최초로 대제국을 건설했고, 문화 수준이 높아 세계 여러 나라에 영향을 주었다고 했어요. 그런 이야기를 들을 때면 저도 모르게 가슴이 웅장해지곤 했지요.

우리 이란은 '시의 나라'예요. 이란 사람들은 시를 사랑하고, 세계적으로 이름난 시인도 많거든요. 사디는 1200년대 사람이지만 아직까지도 이란 사람들이 가장 사랑하는 시인이에요. 그가 쓴 〈아담의 후예〉라는 시는 미국의 뉴욕 유엔본부 입구에 새겨져 있어요.

> 인류는 한 몸
>
> 한 뿌리에서 나온 영혼
>
> 네가 아프면
>
> 나도 아프다
>
> 그렇지 않다면
>
> 우리는 사람도 아니지.

 이 시를 선생님이 가르쳐 주실 때, 저는 심장이 콩닥콩닥 뛰었어요. 그런데 오늘 역사 선생님은 그런 모습과는 매우 달랐어요.

 쌤도 아실 거예요. 지금 우리나라는 곳곳에서 시위가 일어나고 있어요. '히잡 시위' 혹은 '히잡 반대 시위'라고 불러요. 이슬람교를 믿는 여성들이 얼굴이나 머리를 가리기 위해 쓰는 히잡 때문에 벌어진 시위라 그렇대요. 테헤란에서 스물두 살 난 언니가 히잡 바깥으로 머리카락이 너무 많이 나왔다는 이유로 경찰에 잡혀간 지 단 몇 시간 만에 숨을 거두었어요. 경찰은 그 언니가 원래 질병이 있었다고 말했어요. 하지만 그 언니가 머리를 맞는 장면을 본 사람들이 있었대요.

 그 때문에 분노한 여성들이 거리로 나와 시위를 시작했어요. 그러자 경찰이 시위대를 강압적으로 진압해 200여 명이 목숨을 잃었지요. 심지어 열일곱 살밖에 되지 않는 언니가 희생당했어요.

엄마는 이건 여자라면 모두 당할 수 있는 일이라면서 시위에 나갔어요. 저도 엄마와 함께 나갔어요. 이 시위는 전국적으로 번졌어요. 이란의 유명한 사람들도 이 시위에 동참하고 있어요.

카타르에서 열린 월드컵대회에서 우리 축구 선수들은 국가를 부르지 않는 것으로 저항했고, 한 배우는 에스앤에스를 통해 정부를 비판하면서 국제 사회에서 관심을 가져 달라고 호소했어요. 이 시위에 참여한 축구 선수와 배우는 감옥에 갇히고 감금되었어요.

"히잡을 쓰는 것은 여성을 보호하기 위한 거야. 그리고 이슬람 여성은 히잡을 반드시 쓰도록 되어 있는데, 이를 어기면 어떻게 되겠어? 벌을 받아 마땅하지."

저는 선생님의 이런 말이 이해가 되지 않았어요.

사디의 시를 읽어 주던, 제가 평소 존경했던 그 선생님이 아닌 것 같았어요.

사라에게
히잡과 여성

사라!

최근 이란에서 벌어지는 일들을 뉴스로 보고 네 안부가 궁금했단다.

국제 사회가 하나가 되어 이란 정부에 항의를 하고 있어. 한국에서도 여성들이 피켓을 들고 시위를 했단다. 이건 단순히 히잡을 쓰느냐 쓰지 않느냐의 문제가 아니라 여성 차별의 문제이기 때문이야.

인류 역사에서 여성은 오랫동안 차별의 대상이었어. 인류가 수렵과 채집을 하던 선사 시대에는 남자와 여자 사이에 차별이 없는 평등한 공동체 사회를 이루었지.

농사를 짓고 사는 농경 사회 혹은 가축을 기르는 유목 사회가 되면서 남성들이 생산 활동을 이끌게 되었어. 이때부터 남성과 여성 사이에 차별이 서서히 나타났단다. 가정에서 남성이 가족의 중심이 되는 가부장 사회가 만들어지자 여성에 대한 차별은 더욱 심해졌어. 종교와 철학은 이러한 남자와 여자의 차별을 정당화하고 설명하는 역할을 했단다. 남성은 우월한 존재이고 여성은 무지하고 어리석어 남성을 돕는 존재로만 만든 거야. 그리스의 유명한 철학자인 아리스토텔레스조차 거침없이 여성을 비하했지.

힘을 가진 남성들이 전쟁을 일으키면 어김없이 여성들에게 성폭력을 행사했어. 중세 시대에는 자신의 목소리를 내거나 남성보다 뛰어난 능력을 가진 여성들을 마녀로 몰아 죽이기도 했어.

문명이 발달해도 여성에 대한 차별은 좀체 변하지 않았지. 1800년대에 와서 여성들은 교육을 받을 권리와 투표를 행사할 수 있는 참정권을 찾기 위한 싸움을 시작해. 남성과 여성은 똑같은 이성을 갖고 태어났기 때문에 똑같은 대우를 받아야 한다고 외쳤어. 너무나 당연한 것인데도 당시에는 목숨을 걸고 싸워야 했단다.

그러다가 1893년 뉴질랜드에서 처음으로 여성 참정권을 인정했고, 민주주의가 발달되었다고 하는 미국에서는 1920년에야 참정권을 인정했어. 지금은 거의 모든 나라에서 여성들이 투표할 수 있는 권리를 인정하고 있지만 이는 여성들의 오랜 투쟁 끝에 얻어진 것이란다.

하지만 아직도 많은 부분에서 여성들은 차별을 받고 있어. 직장에서 승진이 늦게 된다든가, 결혼한 여성은 퇴직을 해야 한다든가, 남성에 비해 월급을 적게 받는 등의 일은 너무나 흔하단다.

히잡은 여성을 차별하는 대표적인 도구가 되어 버렸어. 사실 히잡의 역사를 보면 너의 역사 선생님의 말이 맞는 점도 있단다.

아랍 사회는 부족들 간에 크고 작은 전쟁이 잦았어. 전쟁이 일어나면 여성들과 어린이가 가장 큰 피해를 입었지. 특히 여성들은 적들에게 강제로 끌려가 험한 일을 당하거나 노예 생활을 해야 했어. 그래서 여성들을 보호하기 위해 옷으로 몸을 가려 여성임이 드러나지 않게 했는데, 그것이 히잡으로 발전한 거야.

이슬람교가 생기면서 여자들에게는 반드시 히잡을 쓰도록 했어. 처음에는 여성을 보호하기 위해 생겼지만 시간이 흐르면서 변해 버렸지. 일부 무슬림이슬람교를 믿는 사람들은 히잡을 쓰지 않는 여성들은 정숙하지 않은 사람으로 취급했어. 그러다 보니 히잡은 여성을 '억압'하는 도구가 되기도 했지. 특히 이슬람 근본주의자서양의 문화나 현대 사회 제도는 거부하고 처음 이슬람이 생겼을 때 살던 방식만이 옳다고 믿는 사람들. 여성 교육, 민주주의, 현대식 법, 다른 종교를 인정하지 않는다들이 다스리는 나라에서는 여성에 대한 억압이 매우 심하단다. 여성들이 마음대로 직업을 가질 수 없는 것은 물론 남자와 함께 엘리베이터조차 타지 못해. 그리고 여성이 얼굴을 드러내지 못하게 '부르카'를 강제로 쓰게 한단다. 부르카는 히잡의 한 종류인데, 머리부터 발 끝까지 온몸을 가리고 눈 부분만 망사로 되어 뚫려 있어. 이 때문에 이슬람교도가 아닌 사람들은 더더욱 '히잡'이 여성을 억압하는 것이라고 생각하게 되었어.

알다시피 이란에서 히잡을 강제로 쓰게 한 건 이란의 마지막 왕조인 팔레비 왕조가 멸망한 뒤 이슬람 근본주의자들이 정권을 잡으면서부터야. 이슬람 근본주의자들 중에서도 일부 과격파들은 이슬람 종교의 창시자 무함마드의 가르침과 이슬람교의 경전인 쿠란의 교리를 반드시 따라야 한다고 강요하고, 다른 종교나 사상을 탄압하거나 배척한단다. 그들을 이슬람 극단주의라고도 부르지. 그들이 여성들에게 '히잡'을 강제로 쓰게 했는데, 이는 여성을 억압하고 통제하기 위함이지 여성을 보호하려는 것은 아니라고 생각해.

사라!

편지를 읽고 네가 참 대견하다고 느꼈어. 부당한 일에 목소리를 내는 건 중요한 권리이자 의무야. 모든 사람들이 그런 일에 목소리를 내지는 않는단다. 어떤 사람들은 자신의 이익을 위해서, 어떤 사람들은 두려워서, 어떤 사람들은 그런 부당함을 알지 못해서.

열세 살의 사라가 그런 부당함에 목소리를 낸다는 건 쉬운 일이 아니야. 기특하고 자랑스러워. 하지만 네가 혹시 다치기라도 하면 어떡하나 하는 걱정도 크구나. 부디 다치지 않기를 바라고 또 바란다.

쌤에게

부르카를 입으라고 강요하는 건

쌤, 지난번 보내 주신 편지를 받은 뒤 엄마와 많은 이야기를 나누었어요. 그 덕분에 '히잡' 문제가 비단 우리나라만의 이야기가 아니라는 것을 알게 되었어요.

우리와 이웃한 아프가니스탄, 파키스탄과 같은 나라에서도 우리와 같은 문제가 있어요. 특히 아프가니스탄의 여성 차별은 매우 심각했어요.

아프가니스탄은 탈레반이라는 무장 세력이 정권을 장악했을 때, 여성에 대한 차별이 엄청났다고 해요. 탈레반은 문학, 음악, 영화, 춤과 같은 예술은 종교를 믿는 데 방해가 되는 부도덕한 것이라고 금지했대요. 세계 문화 유산도 무참하게 파괴할 정도였대요.

탈레반은 개인의 사생활까지 일일이 간섭했는데 남성들에게 강제로 수염을 기르게 할 정도였대요. 여성에게는 더욱 가혹했대요. 시장에나 극장, 식당에 드나드는 것을 금지했고, 심지어 대학에 다녀서 남성들의 눈에 띄는 것조차 나쁜 일이라고 했대요. 그래서 꼭 필요한 경우가 아니면 여성이 집 밖으로 외출하는 것도 금했고요. 만일 꼭 나가야 한다면 '히잡'으로 머리카락뿐만 아니라 손, 얼굴, 눈도 모두 가리도록 했대요. 그래서 부르카라는 옷을 강제로 입게 했대요. 그 옷을 입지 않으면 사형을 시키기도 했고, 부르카를 입었는데도 여자 혼자 거리에 나가면 남자들에게 욕을 먹거나 두들겨 맞기까지 했대요.

엄마에게 그런 이야기를 들으면서 숨이 막혔어요. 아니 도대체 여자가 무슨 죄인인가요?

갓난아기가 아파서 급히 아기를 안고 병원에 간 여성을 보고 탈레반이 수상하다고 여겨 살해했다는 이야기를 듣고는 두려움에 덜덜 떨었어요.

탈레반 이야기를 들으면서 저는 이슬람교에 대해 고민하게 되었어요. 우리 가족은 이슬람교를 믿고 있어요. 만일 이슬람교가 여성을 차별하는 종교라면 전 믿고 싶지 않다고 엄마에게 말했어요. 엄마는 이슬람교는 알라 앞에 모든 사람이 평등하다고 가르치는 종교인데, 그것을 잘못 해석해서 무기로 삼는 사람들이 문제라고 했어요. 이슬람교 자체는 잘못이 없다고요.

탈레반과 같은 무장 단체가 테러를 일으키는 바람에 이슬람교를 믿는 사람들을 마치 테러 집단처럼 여기기도 한대요. 전 그 점이 참 속상해요. 이슬람교와 우리 아랍 사람들에 대한 좋지 않은 편견이 생긴 것 때문에요.

사라에게

여성의 자유로운
선택이 중요해

세상에는 다양한 종교가 있고, 그것을 믿는 방식도 다양해. 흔히 세계 3대 종교라고 하는 기독교, 불교, 이슬람교의 기본 가르침은 서로 사랑하라는 거야. 그런데 종교 때문에 인류는 많은 전쟁을 치렀고, 종교 때문에 사람들이 억압받고 차별받는 일이 많았단다. 매우 안타까운 일이지.

프랑스에서 여학생이 교실에서 히잡을 썼다는 이유로 쫓겨난 일이 있었어. 모로코 출신의 여학생 세 명이 선생님이 히잡을 벗으라고 하자 종교적인 이유로 거부했대. 그 학생들은 이슬람교를 믿고 있었거든. 그러자 학교에서는 이 세 명의 여학생을 퇴학시켜 버렸어. 이 여학생들처럼 프랑스에서는 히잡 벗기를 거부해 퇴학당하는 여학생이 매년 수십 명에 이르렀어.

이후 프랑스 정부는 '얼굴 가림 금지법'을 만들었어. 그 무렵 이슬람 근본주의자들 중에서도 일부 극단주의자들이 미국의 9·11테러를 비롯해 영국과 프랑스에서도 테러를 저지르자 서구 사회에서는 '히잡=아랍인=테러'라고 생각하는 사람들이 많아졌단다. 이에 프랑스는 테러 방지와 공공의 안전을 내세우며 '얼굴 가림 금지법'을 만든 거야. 또 다른 이유도 있어. 프랑스에서는 세속주의 원칙이 있어. 사회, 정치, 교육 등 인간 사회의 다른 영역과 종교를 분리하는 이념이야. 이를 내세워 공공장소에서 종교적인 복장을 입지 못하도록 했어. 또 부르카나 니캅과 같은 옷이 여성을 차별한다면서 여성 인권 보호를 이유로 금지시킨 거야.

이 법이 만들어지자 반대하는 목소리가 적지 않았어. 단지 히잡을 썼다는 이유만으로 앞으로 테러를 일으킬 수 있는 사람으로 보는 건 옳지 않다는 주장이었어. 정말 안전이 목적이라면 헬멧이나 대형 가방도 금지시켜야 한다고 말이야. 또 '히잡'만 착용을 금지시키는 것은 평등 원칙에도 어긋난다고 했어. 크리스마스 트리나 수녀복과 같이 기독교와 관련된 것들은 허용하면서 왜 히잡만 못 쓰게 하냐는 거였지. 결국 평등을 내세우지만 실제로는 무슬림을 더 심하게 차별하고 프랑스에서 서로 다른 문화 간 갈등을 부추기는 게 아니냐고 지적했어. 실제로 이 법 때문에 히잡을 착용한 무슬림 여성들이 혐오 범죄의 대상이 되곤 했지. 그래서 무슬림들이 거리로 나와 이에 저항하는 시위를 했단다.

고대와 같이 전쟁이 잦았던 시대에는 히잡이 여성을 보호하기 위한 수단이었지만, 이후 시대와 상황에 따라 의미가 달라졌단다. 이슬람교를 믿는 사람들 사이에서도 논란거리가 되었어.

히잡을 강제로 쓰라고 하는 것도 문제지만, 쓰지 못하게 하는 것도 종종 문제가 되고 있지. 이슬람교를 믿는 여성들 가운데는 종교적 차원에서 히잡 쓰는 걸 원하는 사람도 많단다. 튀르키예에서는 대학교 내에서 히잡 착용을 하지 말라고 강압한 적도 있었어. 이에 여대생들은 퇴학을 무릅쓰고 히잡을 쓴 채 등교하기도 했지. 프랑스에서 퇴학당한 여학생들도 마찬가지 이유지.

결국 문제는, 히잡을 쓰든 쓰지 않든 여성들의 선택이 중요하다는 거야. 여성들은 일방적인 '강요'에 대해 반발하는 거지. 자신들의 자유로운 의지에 의해 히잡을 쓰도록 해야지, 강제한다거나 의무적으로 쓰게 하면 그것이 바로 차별이라고 말이야.

여러 가지 논란도 있지만 히잡도 시대에 걸맞게 많이 변하고 있어. 검정, 흰색 등 단조로운 색상에서 벗어나 다양한 색깔로 만든 히잡이 등장하고, 꽃 자수, 구슬 장식 등으로 화려하게 장식한 히잡도 적지 않아.

    아직은 종교나 남성 중심의 가족 제도에 얽매여 의무적으로 쓰는 경우가 많지만, 히잡도 멋스런 패션으로, 무슬림을 상징하는 전통 의상으로 자리 잡는 날이 머지 않아 올 거야. 여성의 자유로운 선택에 의해서 말이야.

다시, 사라에게

끔찍한 차별의 이름, 명예살인

사라!

네게 편지를 보내고 난 뒤, 끔찍한 뉴스를 보았단다. 파키스탄에서 모델 일을 한 여성이 가문을 더럽혔다고 오빠에게 죽임을 당한 이야기였어. 즉 '명예살인'을 당한 거야. '명예살인'은 가족, 특히 가장의 명예를 더럽혔다는 이유로 자기 식구를 죽이는 관습을 말한단다. 말하자면 악습이지. 이는 문화와 전통 명예를 지키기 위한 수단으로 세계 일부 지역에서 행해지고 있는데, 특히 여성에 대한 차별에서 비롯된 것이 많아 심각한 사회 문제가 되고 있단다.

- 인도의 한 소년이 누나를 죽였다. 가족의 뜻에 맞지 않은 결혼을 했다는 이유였다. 이때 어머니는 딸이 도망가지 못하도록 붙잡고 있었다.
- 요르단에서는 남동생이 누나를 칼로 찔러 살해했다. 강간 피해를 당한 누나가 가문의 명예를 더럽혔다는 게 이유였다.

-튀르키예에서 한 여성이 가족들의 의해 지하에 감금되었다가 생매장을 당했다. 여성은 단지 남자와 사귀었을 뿐이다.

이들은 모두 명예살인을 당했어. 이처럼 어처구니 없는 이유로 매년 5,000여 명이 명예살인에 의해 목숨을 잃는다고 해. 드러난 것이 이 정도이고, 실제는 더 많은 사람들이 명예살인으로 죽임을 당한단다. 희생자들은 대부분 여성이야. 가족의 뜻에 맞지 않는 결혼을 하거나, 결혼 전에 남자를 만났다는 이유가 대부분이지. 도대체 이게 죽임을 당할 이유가 되니?

이런 악습은 옛날부터 이어져 왔어. 오래전 유럽에서는 남편을 잃은 여성, 성폭행 피해 여성에게 자살을 강요해 명예를 회복하라고 했어. 한국에도 조선 시대에 비슷한 풍습이 있었단다. 남편이 죽으면 아내에게 따라 죽어서 '열녀남편이 죽은 뒤 다시 결혼하지 않고 혼자 살거나 따라 죽어 가문의 명예를 지킨 여성'가 되라고 강요했어. 하지만 이는 현대로 오면서 대부분 사라졌어. 여성들의 인권이 나아졌기 때문이야.

그런데도 인도, 파키스탄, 방글라데시 및 서아시아, 아프리카 등에서는 이런 악습이 아직도 남아 있단다. 2000년 제네바 국제연합 인권 위원회에서 처음으로 명예살인에 대한 보고서가 작성되고, 세계적으로 명예살인 반대 운동이 일어났어. 명예살인이 여성의 인권을 침해

하는 매우 나쁜 관습이라는 생각이 세계적으로 널리 퍼지면서 국제 인권 기구 등에서 이를 없애야 한다는 목소리를 꾸준히 내고 있어. 해당 나라들에서도 반성의 목소리가 나오고 있긴 해. 하지만 완전히 사라지지는 않고 있어. 명예살인이 가족 내에서 벌어지는 일이라 가벼운 처벌을 받기 때문이야.

또한 '사회적 침묵'은 이런 일이 지속되는 데 한몫을 하고 있어. 많은 사람들이 자신의 일이 아니라고 옳지 않은 일에도 입을 다물고 있기 때문이야. 명예살인의 경우만 봐도 누군가 죽어 나가도 그것은 그 가족의 일로만 생각해 대부분 상관을 하지 않는단다. 이러한 침묵은 무관심한 것을 넘어 그 일을 인정하는 거나 다름없다고 생각해.

옳지 않은 일에는 목소리를 내는 것이 진정한 용기 아닐까. 명예살인이 비록 내게 일어나는 일은 아니지만, 이는 뿌리 깊은 차별에서 오는 것이므로 결국 나의 문제도 되는 거지.

사라!

네가 히잡 문제에 대해 깊은 관심을 갖고 여성 차별 문제에 대해 생각했듯이, 세계 많은 사람들이 명예살인과 같은 차별 문제에도 관심을 가졌으면 해. '침묵'만 하지 말고 말이야.

4

베트남에서
온 편지:

소수민족의
고유한 아름다움을
지키는 일

베트남은
어떤 나라일까?

베트남은 따이족, 타이족, 므엉족, 크메르족, 몽족 등 54개나 되는 민족으로 구성된 나라입니다. 그중 베트남 국민들의 대다수를 차지하고 있는 비엣족을 제외하면 모두 소수민족이지요. 동남아시아의 인도차이나반도에 있는 베트남은 지리적으로 중국과 가까워 오랫동안 다양한 방면에서 교류를 하고 지냈습니다.

   1858년 베트남은 프랑스의 침략을 받습니다. 남부 지역부터 점령한 프랑스는 1887년에는 베트남 전 지역을 식민지로 만들었습니다. 그 후 1940년에 일본의 침략으로 프랑스는 베트남에서 물러납니다. 1945년 제2차 세계대전에서 일본이 패배하자 프랑스가 다시 식민 지

배를 하려고 합니다. 이에 베트남은 프랑스와 맞서 싸워 이겼지만 결국 외세의 개입으로 남북으로 분단되었습니다.

훗날 베트남전쟁1960~1975을 거쳐 통일을 이루었습니다. 남베트남을 지원하는 미국과 공산 세력인 북베트남과의 이 전쟁에서 북베트남이 승리를 거둬 베트남은 사회주의 국가로 통일이 된 것이지요.

전쟁이 끝난 후, 소수민족은 심한 탄압을 받았으며, 많은 사람들이 난민이 되어 미국 등으로 이주했습니다. 특히 흐몽족라오스에서는 몽족이라고 함과 몽타냐르족산악민은 미국에 협력했다는 이유로 오랫동안 차별을 받았습니다.

마이에게

뚜옌꽝 시장에서 만난 환한 웃음

마이! 서울에 돌아온 지 벌써 두 달이 지났구나! 문을 열면 이웃집 담장과 지붕만 보이는 서울 생활에 난 쉽게 적응하지 못하고 있단다.

뚜옌꽝 산골의 맑은 공기, 마음을 평화롭게 하는 풍경이 눈앞에 아른거리는구나. 산비탈을 깎아 만든 다랑이논, 그 앞을 천천히 흘러가는 구름, 그 사이로 우뚝우뚝 솟은 산봉우리들, 그리고 아이들의 해맑은 모습들…….

네가 사는 마을에 처음 갔을 때 그 아름다운 풍경에 넋을 잃을 정도였어. 내 마음속에 남아 있는 고향처럼 따뜻하고 아름다웠지.

나는 중학생 때 미국으로 유학을 갔어. 내가 유학을 떠날 당시 한국은 엄청나게 가난한 나라였어. 일본 제국주의의 식민지 생활을 벗어난 지 얼마 지나지 않아 한국전쟁을 겪으면서 나라는 폐허가 되다시피 했단다. 이후 전쟁의 아픔을 딛고 '한강의 기적'이라고 불리는 경제 성장을 이루었지. 한국 혼자만의 힘으로 이룬 것은 아니었어.

거기에는 선진국들의 원조도 있었지. 하지만 짧은 기간 내에 놀라운 성장을 이루었기에 세계의 주목을 받았어. 이제 한국은 경제적으로 부유한 나라가 되었을 뿐 아니라 이른바 K-문화^{Korea의 앞자 K를 가리킴}의

영향으로 세계가 선망하는 문화 강국도 되었단다.

빠른 성장 뒤에는 어두운 면도 있어. 전통 문화의 붕괴, 자연 생태의 파괴, 부자와 가난한 사람들의 심한 격차 등 여러 가지 사회 문제

를 안고 있어.

　모든 일에는 좋은 점과 나쁜 점이 동시에 생기게 마련이야. 나는 한국의 경제 성장이 무척 반갑지만, 경제적 이익을 앞세운 개발로 인해 잃어버린 것들이 무척 아쉬워. 그 가운데 하나가 자연 환경이야. 돈이 된다면 꼭 지켜야 할 것까지 없애 버리고는 아파트나 빌딩을 지었지. 이제 서울은 **빽빽한** 빌딩 숲이 되었단다.

　내가 미국에서 공부를 마치고 한국으로 돌아왔을 때 느꼈던 낯설음이 아직도 기억나는구나. 떠날 때 마음 속에 간직했던 풍경들이 사라져서 무척이나 아쉬웠어. 내가 베트남을 아끼고 사랑하게 된 건 베트남이 마치 어릴 적 내 고향 같아서란다.

　너를 처음 만났을 때가 떠오르는구나. 시장 구경을 하던 난 작은 가방, 손수건, 옷 등을 펼쳐 놓고 수줍게 앉아 있는 너를 보았단다. 네 수줍은 모습에 이끌려 나도 모르게 네 앞에 멈춰섰지. 알록달록한 색실로 한 땀 한 땀 정성껏 수놓은 작은 가방을 하나 골랐더니, 엄마가 직접 만든 것이라며 속삭이듯 말했어. 지금도 그 가방을 들여다볼 때마다 기분이 좋아진단다.

　마이! 뚜엔은 잘 지내고 있지? 너와 뚜엔이 다정하게 걷던 모습이

눈앞에 아른거리는구나.

　뚜옌이 학교를 계속 다닐 수 있도록 신께 기도했단다. 너처럼 그만두지 않고 말이야. 그러려면 먼저 치료를 받을 수 있어야겠지?

　한국에 오자마자 의사들을 만나 봤단다. 다행히도 수술이 가능하다고 하더라. 얼마나 기쁘던지. 뚜옌 이야기를 듣고 많은 사람들이 돕겠다고 나서고 있으니 좋은 소식이 있을 거라 믿는다.

　다음에는 보다 반가운 소식을 전할 수 있길 바라며, 안녕!

쌤에게

소수민족을 위한 의사가 되고 싶어요

뚜옌의 수술에 관한 소식을 듣고 내게도 이런 좋은 일이 생기는구나 싶어서 감격했어요.

그간 불에 덴 상처로 제대로 먹지도 못하는 뚜옌을 볼 때면 너무나 마음이 아팠어요. 학교에 가서도 따돌림을 당해야 했지요. 그런 동생을 보며 저는 큰 도시로 나가 의사가 되어야겠다고 결심했어요. 뚜옌을 고쳐 주고 뚜옌처럼 장애가 있는 사람들을 위해 봉사하고 싶었거든요. 특히 나와 같은 소수민족들을 위한 의사가 되길 원했어요. 사실 이런 바람이 터무니없다는 걸 알아요. 우리는 가난한 소수민족이니까요.

엄마가 일 년 내내 다랑이논에 농사를 지어 봤자 우리 여섯 식구가 먹고 살기에도 턱없이 부족해요. 아빠가 가끔 도시로 나가 막노동을 하지만 살림에는 큰 보탬이 되지 않아요.

스무 살이 된 오빠와 열여섯 살이 된 언니는 우리 민족의 풍습에 따라 결혼을 해야 해요. 우리 쟈오족은 남자가 결혼을 할 때 신부 집에 지참금을 보내는데, 돈도 보내지만 돼지, 닭과 같은 가축도 보내지요. 형편이 좋은 집에서는 은으로 만든 귀중품을 보내기도 해요. 그러면 신부 측에서는 답례로 직접 수놓은 옷이나 수공예품을 보내오지요. 이렇게 언니 오빠의 결혼식 비용에다 지참금까지 마련해야 하니 엄마는 요즘 매우 힘들어 하세요.

이런 형편인데 제가 다시 학교에 가고 도시로 나가 의사가 되는 꿈을 꾸는 건 터무니없다고 생각했어요.

그날, 사고가 있던 날이 떠올라요. 아빠와 오빠는 모처럼 일자리가 생겨 도시로 나갔고, 엄마와 언니는 뚜옌꽝 시장에, 저는 학교에 가고 없었어요. 어린 뚜옌이 혼자 부엌에서 불을 피우다가 집에 큰 불이 났어요. 불길이 크게 번지자 간신히 도망쳐 나왔지만 맵고 뜨거운 연기를 들이마신 뚜옌은 입안과 목구멍에 화상을 입었지요. 그 때문에 음식을 잘 삼키지 못하고 숨 쉬는 것도 매우 힘들어 해요. 부드럽고 묽은 음식만 겨우 삼킬 정도라 학교에서 일반 급식은 엄두도 못내고요.

뚜옌은 국립병원에서 기본적인 화상 치료만 겨우 받았어요. 더 치료를 받아야 했지만 병원도 멀고, 돈도 없어 포기할 수밖에 없었어요. 멀고 먼 하노이까지 가야 했거든요.

 쌤, 우리나라 정부는 소수민족들에 대해 많은 간섭을 하지는 않아요. 소수민족의 고유한 문화와 전통을 지켜 주기 위해서래요. 간섭하지 않는 대신 소수민족을 위한 정책은 형편없어요. 어른들 말로는 거의 방관하고 있대요. 그 때문에 국민이라면 당연히 누릴 수 있는 권리조차 못 누리고 있어요. 차별하지 않는다고 하지만 결국인 차별인 거죠. 소수민족은 대부분 깊은 산골짜기에 살아요. 그 때문에 학교나 병원은 물론 하다못해 도로조차 없어요. 우리가 가난에서 벗어나지 못하는 이유예요.

 그럼에도 쌤의 편지를 받고 희망 혹은 꿈이라는 말이 떠올랐어요. 희망이나 꿈과 같은 달콤한 말은 저와는 아무런 상관이 없다고 여겼어요. 그런데 뚜옌이 한국에서 치료를 받을 수 있다니요! 쌤의 말씀을 듣고 나니 희망이 샘솟는 느낌이에요. 다시 공부를 시작해 의사가 되고 싶다는 생각도 들어요.
 쌤, 제가 이런 꿈을 다시 꾸어도 되겠지요?

마이에게

지구촌을 아름답게 가꾸기 위해

"다시 꿈을 꾸어도 되겠지요?"

마이, 네가 이렇게 물었지? 물론이지! 꿈은 상상에서 시작되지만, 꿈을 꾸어야지만 그것을 이룰 수 있단다. 꿈을 향해 끊임없이 가다 보면 길이 생긴단다. 수많은 사람들이 그것을 증명했지.

마이!

네 편지를 읽고 많은 생각을 했단다. 전 세계 수많은 나라에 소수민족들이 있단다. 소수라는 말은 적은 수라는 뜻이고, 사람 수가 적으면 자연스레 다수를 형성하는 사람들보다는 힘에서 밀리게 마련이지. 줄다리기를 할 때 적은 수의 사람들이 많은 수의 사람을 이길 수 없듯이 말이야.

네 말대로 소수민족은 대부분 산에서 생활하면서 오랜 전통을 지키며 살고 있지. 그것을 일부 사람들은 소수민족이 시대에 맞게 변화

하지 못해 문명에 뒤떨어진다고 생각하는데, 그런 생각은 그야말로 편견이야. 소수민족들은 단지 깊은 산속이나 밀림, 강가 등에 살면서 자신들에게 가장 알맞은 생활 방식을 찾고, 그 방식에 따라 사는 것일 뿐이야. 그런데 수가 적고 사는 방식이 좀 다르다는 이유로 문명이라는 이름을 들이밀며 차별을 하는 건 정말 옳지 않아. 그럼에도 많은 곳에서 소수민족에 대한 차별과 탄압이 행해지고 있어.

베트남의 이웃 나라인 미얀마에서는 소수민족인 로힝야족을 탄압해 많은 사람을 죽음으로 내몰고 있어. 로힝야족은 원래 방글라데시에서 살던 민족이야. 그런데 영국이 방글라데시를 식민 지배 하던 시절, 영국에 의해 미얀마로 강제 이주를 당했지. 미얀마도 마찬가지로 영국의 식민 지배를 받았거든.

1948년 미얀마는 영국의 지배에서 벗어나 독립했고, 1962년 불교를 믿는 군사 정권이 들어섰어. 이때부터 로힝야족에 대한 박해가 시작되었어. 로힝야족은 이슬람교를 믿거든. 종교가 다르다는 이유로 로힝야족은 엄청난 탄압을 받았어.

그리고 미얀마는 1982년 시민권법을 만들어 여러 소수민족의 시민권을 완전히 박탈했어. 이슬람교를 믿는 로힝야족뿐만 아니라 화교 및 인도계 이민자들, 북쪽의 소수민족과 산악 부족이 탄압의 대상이 되었고, 이들은 무국적자가 되었어. 미얀마를 지배하는 버마족을 제외하고는 많은 소수민족이 차별을 받고 있는 셈이야. 심지어 버마족도 군부 독재 체제 아래에서 억압을 받고 있단다.

　미얀마에서 무국적자로 살고 있는 로힝야족을 비롯한 소수민족들은 결혼과 출산은 물론이고 주거지를 옮기는 일조차 마음대로 못하고 있어. 2012년에는 불교도와 이슬람교도 간의 충돌로 로힝야족 200여 명이 사망했고, 14만 명이 미얀마를 떠나야 했단다. 유엔^{UN}은 로힝야족을 "세계에서 가장 박해받는 소수민족"으로 규정했어.

　중국 서북부 신장위구르 자치구에 사는 소수민족인 위구르족도 차별받기는 마찬가지란다. 이들은 과거 몽골 고원과 중앙아시아 일대에서 활약한 튀르크계 민족으로 744년 동돌궐^{중앙아시아에 선비족이 세운 나라로 고구려와 당나라의 전쟁 때 고구려를 도왔다}을 멸망시키고 '위구르 제국'을 세워 100여 년간 지배했어.

　중국은 1949년 이곳을 점령하고는 많은 한족을 이주시켰어. 그러자 위구르족은 고유한 문화를 지키고자 2009년 중국으로부터 독립을 외치며 시위를 시작했어. 이에 중국 정부는 위구르족을 비롯한 100만 명이 넘는 이슬람계 소수민족을 수용소에 몰아넣고는 강제 노동을 시키고 고문을 하는 등 탄압을 하고 있단다.

　이라크 북부에 모여 살고 있는 야지디족은 종교가 다르다는 이유로 이슬람 극단주의자들에 의해 탄압을 받고 있어. 야지디족은 기독교, 이슬람교, 조로아스터교가 결합된 그들만의 종교를 믿는데, 이슬람 극단주의자들은 이들을 이교도라면서 여성과 아이들 수천 명을 노예시장에 팔았다고 해.

또한 '자유의 땅'이라는 미국도 현실은 차별로 물들어 있단다. 미국에서는 여전히 흑인들이 경찰의 과잉 진압으로 인해 죽어 가고 있

지. 경찰이 쏜 총에 죽어간 흑인이 백인에 비해 세 배나 많아! 흑인들은 주택과 교육 문제, 직업 문제 등에서 보이지 않는 장벽에 부딪혀 불이익을 받고 있단다.

50여 년 전 미국의 흑인 인권 운동가인 마틴 루터 킹은 〈나에게는 꿈이 있다〉라는 연설에서 이렇게 말했어.

"나의 네 명의 아이들이 피부색으로 평가되는 것이 아니라 인격으로 평가되는 날이 올 것이라는 꿈이 있다."

그러나 미국에 사는 대부분의 흑인들은 아직도 그 꿈은 이뤄지지 않았다고 생각하고 있어.

흔히 우리는 지구촌이라는 말을 쓰지. 지구촌은 말 그대로 지구가 하나의 마을이라는 뜻이야. 통신 수단이 발달해 지구 반대편에 살고 있는 사람들과 화상 통화를 하고, 그곳에서 일어나는 일들을 불과 몇 시간 만에 알 수 있을 정도로 지구가 한 마을처럼 가까워졌어. 아무리 먼 곳이라도 비행기를 타면 꼬박 하루나 이틀이면 닿을 수 있지. 하지만 차별이 존재하는 한 서로의 마음은 결코 가까워질 수 없겠지?

차별은 다름을 인정하지 않는 데서 온단다. 생각해 봐. 하늘 아래 나와 같은 것은 아무것도 없어. 비슷한 것은 있지만 말이야. 이 우주의 모든 존재는 각각 다 달라. 하다못해 같은 엄마에게서 난 쌍둥이

조차 말이야. 다르다는 건 아름답다는 것과 같은 말이야.

　빨강이 있으니 초록도 있는 것이고, 작은 것이 있으니 큰 것이 있는 거란다. 이런 차이들이 아름다움을 만들어 내지. 그 차이를 구별하는 것은 소중한 일이지만, 차별하는 것은 폭력과 같은 거란다.

　세계에는 여러 소수민족들이 있어. 그들이 자신만의 고유한 아름다움을 지키면서 살 수 있도록 하는 것이 지구촌이라는 마을을 아름답게 가꾸는 일이라고 생각한단다.

기획자가 보내는 편지

어린이의 마음이
세상을 구한다는 말

안녕, 난 동화작가 김진이라고 해. 이 책을 기획했어. 즉 이 책을 만들어야겠다고 생각한 사람이지. 유정애 쌤의 여정을 많은 친구들과 나누고 싶었거든.

내가 어릴 적에는 세계 여행을 한다는 것이 쉽지 않은 일이었단다. 그래서 세계 사람들의 이야기는 주로 책을 통해서 알게 되었어. 세계 백과사전을 들여다보는 것은 큰 즐거움이었지. 거기에는 멀고 먼 아프리카에 사는 사람들, 문명과 동떨어진 생활을 하는 남아메리카나 동남아시아의 부족 이야기가 나왔는데, 그들은 낯설고 신기한 존재들이었어.

종종 친구들과 사회과 부도 속의 세계 지도를 펼치고 놀기도 했지. 주로 세계의 도시 찾기를 하는데, 술래가 어느 도시 이름을 대면 먼저 찾는 사람이 이기는 놀이였어. 술래가 문제를 내면 지도 구석구석 눈에 불을 켜고 도시를 찾아냈고, 술래가 되면 상대방이 찾지 못하도록 지도 귀퉁이에 숨어 있는 도시 이름을 대곤 했어. 나는 지도 위에서 그렇게 세계 여행을 했고 꿈을 키웠단다.

요즈음은 세계 여행이라는 게 그다지 신기한 일은 아니야. 교통과 통신이 발달해 여행하기가 매우 쉬워졌을 뿐만 아니라 정보도 넘쳐 나거든. 세상 끝이라고 할 수 있는 극지방이나 남아메리카 대륙의 우유니사막처럼 가기 어려운 곳도 VR 헤드셋을 착용하기만 하면 가상 현실 속에서 여행도 얼마든지 가능한 세상이 되었으니까.

그럼에도 유정애 쌤을 처음 만났을 때, 무척 놀라웠단다. 쌤은 나처럼 지도 속 세계 여행이 아니라 직접 발로 뛰어 세계 구석구석을 여행을 다녔고, 그 여행이 매우 특별했기 때문이야.

처음 쌤의 이야기를 들을 때는, 우리 친구들도 이 이야기를 듣고 세계를 향한 꿈을 키웠으면 좋겠다,고만 생각했어. 한국인일 뿐만 아니라 '세계인'으로 자라나는 데 쌤의 이야기가 도움이 되고 자극이 될 거라고 생각했거든. 그런데 쌤이 이야기를 들으면 들을수록 그것보다 더 중요한 것이 있다는 생각이 들었어.

진정한 세계인이란 무엇일까? 그리고 그 세계는 어떤 세상이어야 할까? 날마다 전쟁이 일어나고, 미움이 가득한 세상, 오염된 지구 환경에서 '세계인'이 된다는 것이 과연 의미가 있는 일일까?

세상이 평화롭고 평등할 때만이 '세계인'으로 살아가는 게 행복하고 즐겁겠지. 친구들이 진정한 세계인으로 살기 위해서는 먼저 그런 세상이 와야 한다는 생각을 하게 되었단다.

그런 세상은 누가 만들어 주는 것이 아니야. 우리 스스로 만들어 가야 하지. 서로가 잘 몰라서 갖게 되는 오해와 편견, 거기에서 오는 차별, 국가 이기주의에서 벌어지는 폭력과 전쟁, 위기를 겪고 있는 기후와 환경 문제 등에 관심을 기울이고 해결하기 위해 노력한다면 그런 세상이 만들어질 거야. 지금보다 '더 나은 세계' 말이야.

내가 쌤의 이야기를 책으로 만들어 친구들과 나누었으면 좋겠다고 생각한 건 바로 이 때문이야.

쌤의 경험에서 보듯 세상은 밝고 아름답지만은 않단다. 하지만 지혜와 마음을 모으고 실천하면 세계의 어둠을 밝힐 수 있다고 생각해.

내가 좋아하는 말 중에 이런 말이 있어.

"어린이의 마음이 세상을 구한다."

어린이의 마음이란, 편견과 차별 없는 마음, 세상을 있는 그대로 바라보고 인정하는 마음이야. 바로 이 책을 읽는 친구들의 마음이지.

친구들아, 그런 마음으로 유정애 쌤의 말처럼 이 세상이 '더 나은 세계'로 가는 데 지혜를 모아 주겠니?

2025년 8월

김진

지도를 펼치고 차별 대신 평등

2025년 8월 6일 초판 1쇄 인쇄
2025년 8월 19일 초판 1쇄 발행
글쓴이　유정애
그린이　노영주
기　획　김　진
펴낸이　박혜숙
펴낸곳　도서출판 푸른역사

　우) 03044 서울시 종로구 자하문로8길 13
　전화: 02)720-8921(편집부) 02)720-8920(영업부)
　팩스: 02)720-9887
　전자우편: 2013history@naver.com
　등록: 1997년 2월 14일 제13-483호

ⓒ 유정애, 김진, 노영주, 2025

ISBN 979-11-5612-301-9 74300
ISBN 979-11-5612-300-2 74300(세트)

· 잘못 만들어진 책은 교환해드립니다.